自分を内観して受け取る宇宙のメッセージ

瞑路

個性を発揮し、可能性を広げる真実の〝路〟の見つけ方

白木ケイシー

BAB JAPAN

（前頁の瞑路のメッセージ）
You are star
～ユーアースター～

あなたは常に星のように美しく輝いている

輝く方法を脳で考えるのではなく、
内側の自分を信じてワクワクを行動に移す

行動が自分のミッションに直接関係がないように思えても、
本当の自分に向かって、瞑路のように繋がっている

それらを楽しんで進むことで、
内側にある潜在意識や宇宙へ繋がる

内側の輝きにたどりつくと、
自分の中にも無限に広がる宇宙のような神秘があると気づく
その輝きをまわりにも与え続けることができる

この輝きに終わりはない

「You are star」の完成と宇宙からのメッセージ

　ある日、自宅のソファでくつろいでいたら、ふと、一瞬光を放つ何かがイメージとして頭に浮かび上がってきました。しかし、それは小さな感覚だったため、気にせずに過ごしていましたが、そのイメージがシャワーを浴びているときや車を運転しているとき、いたるところで何度も何度も頭に浮かんできたのです。あまりにも浮かんでくるのでどうしても気になり、そのイメージのラフスケッチをしました。描き終わると、今度は単語が次々とあふれてきました。その単語は「earth、1つ、つながり、輝き、光、気づき、感謝」でした。単語をメモしてから、また忘れて過ごしていたのですが、次は頻繁に「絵を描きたい」と思うようになり、あるときついにペンをとり、描きはじめたのです。イメージが最初に頭に浮かんでから3か月がたっていました。

　そのころの私は、芸術大学を卒業し、絵を描く生活とはかけ離れた生活をしていました。なので、絵を描くことをこわくも感じていました。しかし、どうしても描きたくなり、ワクワクしたときだけ毎日10分、15分と、描くことを2か月ほど続けました。そして、ようやくひとつの作品が描き上がったのです。すると、突然今度は単語だけでなく、文章がいっきにあふれてきました。そして、描き上がった絵と文章が1つとなり、「You are star」の作品が完成しました。

迷路ではなく「瞑路」

　めいろの絵を描き続けていたあるとき、「ただの迷路ではない」というメッセージを受け取りました。「迷路」ではなく「瞑路」という字が降りてきたのです。瞑想の「瞑」と迷路の「路」を合わせたものでした。

　迷路は迷う路ですが、瞑路は瞑想のように内側の自分とつながることで、迷うことのない自分本来の〝路〟が現れます。内側の自分とは、本来の自分であり、生まれてきた意味を知っている自分、魂が望んだことをやっている自分のことです。私は、内側にいるもう1人の自分のことを、宇宙だと感じています。それは、天体望遠鏡で見る無限に広がる外側の宇宙ではなく、電子顕微鏡で覗くミクロの世界。その小さな小さな世界も、永遠に拡大し続けることができます。そしてそこには、内側に無限に広がる自分自身の宇宙が存在しています。宇宙の中に住んでいるあなたの

細胞も宇宙の1つであり、その細胞が集まって人間の体ができています。ですので、人は宇宙の一部分であり、宇宙は人の一部分ともいえるのではないでしょうか。

　宇宙には無限の可能性があり、全てを含んでいますので、あなたが内側に存在する宇宙とつながることで、無限の可能性につながることができます。

瞑路を通して伝えたい宇宙からのメッセージ

　私は、19歳のころから人生の目的、宇宙の神秘など、この世の真実や生きる意味を追究してきました。そして、内側に眠るもう1人の自分や潜在意識につながりたい、自分の能力をもっと開花させたいと思い、内観しながら研究を続けてきました。しかし、「You are star」の言葉や文章があふれてきたとき、これがもう1人の自分である宇宙からのメッセージだとは思いませんでした。その後も自分の潜在意識や直感、内側の自分とつながった状態がどのようなものなのかを、日常の中での体験を通して、常に自分自身と対話しながら検証を続けました。そしてついに、自分が受け取っていたものは「宇宙のサイン」であったと気づいたのです。

　宇宙のサインとは、本来の自分へ導くための"お知らせ"のことです。こうして、自分の中から湧いてくるイメージや言葉が、潜在意識から来ているとわかり、私の中に存在する宇宙からのメッセージなのだと確信しました。

　私は、25歳のときに独立し、「個性を可能性へ変える」をテーマに、学習塾の経営を始めました。私自身も生徒とともに成長しようという想いで仕事をする中、ある大切なことに気づきました。それは、1人ひとりの持って生まれた個性や興味の湧くものが、自分自身とつながるキーポイントになるということでした。そして、自分自身と素直に向き合うことで、潜在意識とつながり、宇宙からのサインやメッセージを受け取れるのだということに気づいたのです。そこで、生徒たちに宇宙の神秘をただ伝えるだけでなく、自分自身が好きなこと、興味のあることを、やり続けてきました。

　私が受け取る宇宙からの絵のイメージは、宇宙の神秘が暗号のように込められていて、その秘密をひも解く言葉も存在しています。今では、日常のあらゆる場面で降りてきています。たとえば、朝起きてすぐ

に、一瞬光った暗号のようなイメージが残像として見えることがあります。そのイメージに対して、私はどんな宇宙の神秘が隠されているのかを解き明かすため、降りてきたイメージとキーワードを自分と融合させ、内観します。そうすると、隠されていたメッセージがはっきりとわかりやすい言葉で降りてくるのです。それは、宇宙から送られてきた暗号を、自分のフィルターを通して地球上の言葉に変換していくような感覚です。

　子どものころ、迷路を書くことが大好きで、迷路を夢中になって書いていました。どれだけ書いても飽きることがありませんでした。そして、迷路が書きこまれた紙を巻物のようにして大切に保管していました。やがて中学生になり、学校生活が忙しくなるにつれ、迷路を書くことは忘れていましたが、迷路を解くことは好きでした。そして大人になった今、子どものころ夢中になって書いていた迷路が宇宙からのメッセージと組み合わさることによって、「瞑路」という作品になって誕生したのです。

　私は、この瞑路を通して、宇宙の神秘が込められたメッセージを1人でも多くの方に伝えたいと思っています。
　実際に瞑路を観た方から、
「なぜか頭のてっぺんがムズムズし、目を閉じると暗闇ではなく、星空の下にいる感じがします」
「光のエネルギーが発せられていて、作品の中に宇宙の暗号や謎を感じます」
「瞑想をしているときと同じような感覚がします」
　など神秘的な感想をいただいています。瞑路は、きっとあなたの深い部分を刺激し、あなたの中にいるもう1人の自分が、内側の宇宙を感じさせてくれるでしょう。そして、内観していくことで、あなたにしか感じられない宇宙のサインやメッセージに気づく日がやって来るでしょう。
　本書の瞑路や宇宙からのメッセージを観て、読んで、感じて、あなたが自分と向きあうことで、内側の宇宙とつながり、あなた本来の〝路〟にたどり着くことができます。
　ぜひ、ワクワクしながら、あなたのペースで読み進めてみてください。日常の中で宇宙の神秘を感じ取り、本来のあなたがしたいこと、魂が望んでいる本当の自分を見つけ、個性がより輝く人生になっていくことを心から願っています。

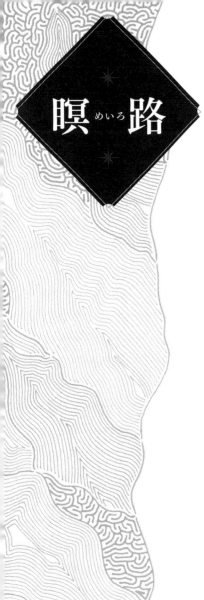

瞑路（めいろ）

contents 目次

プロローグ……………………………………………………………… 3
瞑路の読み進め方……………………………………………………… 8

第1章　自分を受け入れる

★1 自分の中に答えはある
Filter ～フィルター～ …………………………………………… 12
Essence ～本質～ ………………………………………………… 14
Your apple ～あなたのりんご～ ………………………………… 16

★2 迷路を抜け出し、自分を観る
Invisible truth ～目に見えない真実～ ………………………… 18
Past border. ～過去の枠～ ……………………………………… 20
Stereotype ～固定観念～ ………………………………………… 22

★3 信じることから全ては変わる
To be present ～あなたの中に存在する～ …………………… 24
Everything changes ～すべては変わる～ ……………………… 26
Sign of the Universe ～宇宙のサイン～ ……………………… 28

第1章　まとめ…………………………………………………………… 30

第2章　自分を追究する

★1 勇気を出して素直な自分を選択する
The presence of light ～光の存在～ …………………………… 32
Finding flow ～流れを見つける～ ……………………………… 34
Jewel of your inside ～宝石はあなたの中に～ ……………… 36

★2 感じたものをそのまま受け取る
Memory of tree ～木の記憶～ …………………………………… 38
Overflowing thoughts ～溢れる想い～ ………………………… 40
My aura harmony B ～私のオーラB～ ………………………… 42

⭐3 本来の自分に気づく
　The world changes 〜気づきの連続と見える世界〜 …… 44
　Time is one 〜時間は一つ〜 ………………………… 46
　The symbol of the Universe 〜宇宙の記号〜 …………… 48

第2章　まとめ………………………………………… 50

第3章　自分とつながる

⭐1 自分にしかない〝路〟を切り拓く
　My way 〜自分の道〜 ………………………………… 52
　Route 〜ルート〜 ……………………………………… 54
　Not a maze 〜迷路ではない〜 ………………………… 56

⭐2 自分の想いが世界を創る
　one 〜ひとつ〜 ………………………………………… 58
　Moment 〜瞬間〜 ……………………………………… 60
　My aura harmony A 〜私のオーラA〜 ………………… 62

⭐3 あなたの光は輝き続ける
　Your shine 〜あなたの輝き〜 ………………………… 64
　You are star No.2 〜あなたは輝く星〜 ………………… 66
　Light of love 〜愛という光〜 ………………………… 68

第3章　まとめ………………………………………… 70

白木ケイシー瞑路作品集………………………………… 71
瞑路のヒント……………………………………………… 75
エピローグ………………………………………………… 76
付録＊瞑路拡大版………………………………………… 81

瞑路の読み進め方

　内観することで、宇宙からのメッセージを受け取り、自分の個性を発揮することができます。輝く個性を発揮した人生を歩むために、3つのポイントがあります。それは、

①自分を受け入れる
②自分を追究する
③自分とつながる

です。

　第1章の「自分を受け入れる」では、あなた自身をありのままに受け入れ、自分との信頼関係を築いていくことが目的です。第2章の「自分を追究する」では、魂が望んでいる本来の自分を知り、内側の自分の想いに気づいていくことが目的です。第3章の「自分とつながる」では、あなたが持って生まれた個性や才能を引き出し、表現していくことが目的です。

　これらの流れには宇宙の神秘が込められています。段階を踏んで内観していくことで、より内側の自分とつながり、宇宙からのサインやメッセージを受け取りやすくなるでしょう。本書を初めてお読みになる場合は、最初の瞑路から最後の瞑路までを観て、どのような印象を持つか、まず感じてみてください。また、瞑路は、読んで感じたあとに実際に解いてみることをおすすめします。段階を追って瞑路を味わうことで、ふと浮かんでくるメッセージや言葉があれば、あなたにとって大切なメッセージです。

　各瞑路は、瞑路の絵と詩、瞑路に対する宇宙からのメッセージ、そして内観ワークという構成になっています。各瞑路に内観ワークがあります。ワークをする際、気づいたことを書き込むノートがあるとよいでしょう。ワークをすることで、内観しやすい環境ができ、内側の自分へのつながりをスムーズに感じさせてくれるでしょう。ぜひ、リラックスして気軽にやってみてください。

瞑路で内観する鑑賞方法

　鑑賞方法は自由です。観て、読んで、感じましょう。自分と向き合うことで内側の自分とつながって、本来のあなたにたどり着くとお伝えしましたが、感じ方の幅を広げ、内観しやすい環境をつくるために、私がおすすめする鑑賞方法をいくつかご紹介します。

ただぼ〜っと眺めてみる

　ぼ〜っと眺めることで五感が刺激されやすくなります。そして、何かを感じたら素直に受け取り、自分と向き合ってみましょう。目と絵の距離を離して鑑賞するのもおすすめです。細かい部分がぼやけて見えるくらい離してみるのもよいでしょう。また、絵を横向きや逆向きにしてみたり斜めにしたりして、さまざまな方向から観ることで、違う感じ方もあります。ぜひ、いろいろな角度から観て、感じてみましょう。

リラックスして文章を読む

　詩を読む前に深呼吸して、リラックスしましょう。そして、詩を読んで出てくる想いを感じてみましょう。詩から受け取ったものが新しい発見につながるかもしれません。そして、今度は宇宙からのメッセージを読んでみましょう。さらに、あなたの中の潜在意識が活性化し、受け取るメッセージが明確になるでしょう。また、「朝起きてすぐ」と「夜寝る前」が、特に潜在意識とつながりやすくなります。一日の中で脳がもっともリラックスした状態になりますので、このような時間帯に読んでみるのもおすすめです。

瞑路を解く

瞑路は、何回か観たり、読んだりしたあとに解くことをおすすめします。

集中して瞑路を解き進んでいく中で、まさに瞑想状態となり、あなたの潜在意識と深くつながるでしょう。瞑路によっては難解なものもありますが、ぜひ、楽しみながら挑戦してみてください。

この瞑路には、私が宇宙からのサインによって得た、スタートとゴールが存在します。ただし、スタートとゴールは1つずつのものもありますし、複数あるものもあります。また、ゴールにたどり着くルートが数種類存在する瞑路もあります。本書の75ページにスタートやゴールのヒントを入れました。そちらも参考にして取り組んでみてください。

さまざまな行き方やゴールが見つけられるよう、文字を消せるペンや鉛筆を使ったり、コピーしたものに書き込んだりすることをおすすめします。

＊　　　　　＊　　　　　＊

ご紹介したのは一部の鑑賞例です。絵と詩の両方を眺めてみたり、瞑路を進みながら詩を心で唱えたりするなど、方法は自由です。こうしないといけないということはありませんので、リラックスして行ってください。

また、あなた独自の鑑賞方法や内観の仕方が生まれるかもしれません。あなたの直感に従って読み進めていくことで、より深く宇宙の神秘を感じ取れるでしょう。そして、内観ワークをすることで、あなたの潜在意識や宇宙につながりやすくなります。感じたものを素直に受け取ってください。そうすれば、さらにあなたの可能性が広がっていくでしょう。

私は共感覚があり、文字に色を感じます。共感覚と同じように瞑路の作品1つひとつに色があります。絵と詩で1つの作品になっているので、絵と同じエネルギーで詩が存在し、降りてきた文字そのままで表記しています。なので、作品によって言葉が漢字になったり、平仮名になったりすることがあります。

たとえば、詩の文字が「一つ」と表現する作品もあれば、「1つ」と表現するものもあります。意味が同じ言葉でも見た目の形がちがうように、作品に込めたエネルギーが変わるのです。各作品の個性である〝色〟も感じてみてください。

第1章

自分を受け入れる

1. 自分の中に答えはある
2. 迷路を抜け出し、自分を観る
3. 信じることから全ては変わる

※ 81頁に拡大版があります

Filter ～フィルター～

すべてのものは一つひとつ見え方が色々
人間一人ひとりのフィルターも様々

一つとして同じものはない

見ている世界、感じている世界も
一人ひとりみんな違う

あなたはどんなフィルターで
世界を観ている？

宇宙からのメッセージ

　人は生まれてから、さまざまな体験を通して物事や出来事を記憶していきます。

　たとえば、自分の誕生パーティーがとても楽しかったら、よい思い出として記憶され、誕生日は楽しいという印象が残ります。学校のテストで悪い点をとって怒られた、という人は、テストに対して嫌な印象がつきます。

　このように、記憶するときの状況や印象によって、いろいろな物事に対する考え方がつくられていきます。その考え方は、何かに挑戦するときの気持ちの持ち方にも影響します。

　また、人によって感じ方に差があります。2人の人間が初めて同じ体験をしても、受け取る印象や出てくる感情は違うでしょう。同じ風景を観ても、感じ方はそれぞれ違うでしょう。同じ出来事に喜ぶ人もいれば、悲しむ人もいるかもしれません。感じている世界、体験している世界は、1人ひとりのフィルターを通して見ています。

　フィルターとは、自分専用の世界が見える眼鏡のようなものです。物事を見たり、出来事を

体験したりするたびに、自分のフィルターによってポジティブにもネガティブにも反応し、自分が感じる世界が創られていきます。そして、さまざまな体験を通して感じ方が変わると、フィルターは書き換えられ、変化していくのです。

　あなたは、どんなフィルターを通して毎日を過ごしていきたいですか？

　私は、自分にとって幸せだなぁ、楽しいなぁ、恵まれているなぁ、と感じながら、過ごしたいと思っています。人間1人ひとりが持っている自分専用のフィルターを、より自分らしく幸せなものに変化させて生きたいと思いませんか？

　まずは、自分のフィルターがどんなものなのかを意識して過ごしてみましょう。

　フィルターがどのように自分の考え方に影響しているのかなど、自分が受け取る感情や考え方がわかると、ありのままの自分が観えてくるでしょう。また、フィルターを書き換えて、もっと自分らしい生き方に変化させることができます。自分はどんなフィルターを持っているのかを発見する楽しさも味わってください。

内観ワーク

　絵にある1つひとつの枠がフィルターを表しています。あなたがどのようなフィルターで世界を体験しているのかを1つひとつの物事や出来事を通して、じっくりと眺めてみてください。そして、フィルターを自分らしいものに変化させていきましょう。感じることを素直に受け取り、自分らしいと思える選択や考え方を増やしていくことで、きっとあなたらしいクリアなフィルターへと変化するでしょう。

Essence ～本質～

第1章 ✳ 1 自分の中に答えはある

一部を見て完成されたかのように思う
そして体験がその視野を広げる

次の一部によってある意味では到達する
しかし本質は全体でもあり、すべてを含む

始まりも終わりも一部も全体も
全部含めて本質になる
どこにも嘘はなくそのままの存在で

人の本質も一部だけでなく、全体だけでなく
すべてを通じて観えてくる

宇宙からのメッセージ

　あなたは、物事の本質がどこまで観えていますか？　世の中に存在する全ての物、人、出来事に、核となる本質が宿っています。その本質を感じ取り、理解することで、自分の人生に活かすことができます。

　左の絵を見てみましょう。あなたの目には何が映りましたか？　雲や花など、目にとまる形があるかもしれません。しかし、花を集中して見ると、他の雲や雷、炎などに、気づかないかもしれません。

　次に、目と絵の距離を少し離し、絵の全体を眺めてみましょう。どんなふうに観えますか？　離すことによって、部分で見えていたものが、ひとつのまとまりとして見えてくるでしょう。一部分のみを見ている場合、他の部分をはっきり認識することは難しくなり、全体を見ても、たくさんある一部分を細かく理解することが難しくなります。

　左の絵の本質をより深く理解するには、それぞれの部分を認識し、部分を理解してから全体を把握することが大切です。さらに、目に見える形だけでなく、絵が何のために描かれたのか、という「絵の本質」に触れることで、隠れていたメッセージが明らかになるでしょう。

　それでは絵を眺めたように、自分自身を観てみましょう。まず、目鼻、手足などの目に見える部分、その部分を通して見えてくる全体像や雰囲気を感じてみてください。次に、目に見えない自分の性格や声、好き嫌いなど、自分をつくるさまざまな要素を1つひとつ感じてみてください。「あなた」という1人の人間は、目に見える部分、見えない部分の全てが合わさり、存在しています。

　部分を理解していくと全体の理解が深まり、全体がわかってくると、部分をより深く理解できます。自分の「部分」と「全体」に注目し、「自分だけの個性」としてとらえることで、あなたの中に存在する隠れた「本質」が観えてくるでしょう。

内観ワーク

　絵の一部一部を見ると雲であったり、花であったり、何であるかがわかります。しかし、一部分だけに集中していると、他の部分を見ることができませんし、全体を見ることもできません。自分自身も同じです。自分を観ていくとき、一部分だけでなく、たくさんある部分を通して、ありのままの自分を探していきましょう。そして、部分をたくさん見つけられたとき、それらが全体をつくっていることに意識を向けてみましょう。良いと思うことも悪いと思うことも、全部含めて見つめてみましょう。自分のことをまるで風景を観るようにリラックスしながら眺めてみてください。

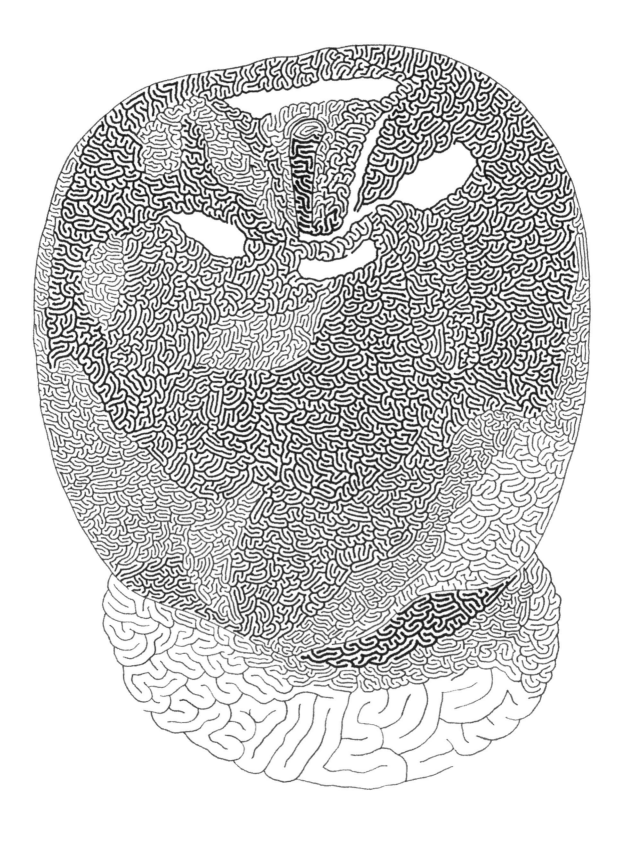

Your apple ～あなたのりんご～

りんごが赤色なのか青色なのか
甘いのか酸っぱいのか本当はわからない

あなたが感じるままに
素直に受け取ることで
あなたにとっての真実に気づく

それは迷路のように
長く険しい道のりだったり
ゴールがわからず繰り返しスタートに
戻ってしまったりするかもしれない

目に見える外側に
意識を集中すればするほど
わからなくなる
本当はあなたの中に答えがある

宇宙からのメッセージ

りんごを見たとき、自分は赤だと思っても、他人の目から見たら、赤色ではなく青色かもしれません。あなたが食べた甘いりんごは、他人が食べたら、酸っぱく感じるかもしれません。

あなたの視覚や味覚などの五感の感じ方は、他人の感じ方とは違うかもしれません。自分自身と他人との感覚や価値基準は違いますし、感じる度合いも違います。このような感性は生まれ持った感覚や能力、そして体験によって大きく違ってきます。ですので、あなたが感じる世界は他人とは違います。あなたの世界はあなたにしか感じることができません。

まわりの人の感覚に左右されず、あなたが感じるままに世界を受け取っていくことで、あなたはあなたの真実を経験していきます。ですが、自分の感覚を信じないまま過ごしていくと、あなたの人生にとって必要な感覚を受け取ることができません。本来のあなたから遠ざかり、他人の感覚に振り回されるという、長く険しい迷路に迷い込んでしまうかもしれません。また、ゴールが見えずに迷い続け、気づいたらスタートに戻っているかもしれません。

目に見えている外側の世界だけに意識を向ければ向けるほど、あなたの真実が存在する内側の世界からは離れていくでしょう。まずはあなたが感じる世界を大事にしましょう。あなたの意思を尊重しましょう。

あなたの中に全ての答えは存在しています。

内観ワーク

さまざまな物事や出来事、自分自身に対して、素直に感じることを受け入れてみましょう。受け入れるとは、自分の感覚を信じるということです。誰かの意見を尊重することも大切ですが、まずは自分の意思を確認しましょう。あなたはあなたにしかわからない世界を体験しています。あなたが感じるままに受け取ることで、さらに生きやすくなり、あなたらしい世界へとつながっていくでしょう。

Invisible truth 〜目に見えない真実〜

全てに意味があるのに
いくら探してもわからない

種があったから実が採れるのか
実があったから種が撒けるのか
どちらが先かもわからない

ただわかることは

あなたが存在し
この絵が見えていること

宇宙からのメッセージ

　あなたは自分が生まれてきた意味を考えたことはありますか？

　人は何かものを生み出すとき、そこに目的や意味を見出しています。

　しかし、自分が生まれてきた意味や、生きる目的がわかっている人は少ないでしょう。なぜなら、何のために生まれ、何のために生きているかは、すぐにはわからないようになっているからです。

　種があったから実が採れるのか、実があったから種が撒けるのか、という疑問と同じように、宇宙があって自分の意識が生まれたのか、自分の意識が生まれて宇宙がつくられたのか、という疑問を持ち続け、自分のことがわかりませんでした。そして、納得する答えを探し続けてきました。

　内観し続けてわかったことがあります。それは、「ただ自分は存在している」「自分が見て体験する世界がある」ということです。私たち人間は自分という存在を通してでしか、世界を体験することはできないのです。「自分が基準」なのです。

　自分が本当に好きなこと、したいことを大切にして過ごすようになったとき、ある重要なことに気づきました。それは、無意識にやってしまうこと、理由もないのに好きなことや、何かを知りたいという欲求の中にこそ、自分の人生の意味が隠されているということです。

　あなたが存在していること、今、この絵が見えていることにどんな意味を感じるでしょうか。

内観ワーク

　あなたは、自分が生まれてきた意味を考えたことはありますか？　また、生きる目的を考えたことがありますか？　意味や目的があったほうが楽しいと思えば、考えてみましょう。ないほうが楽だと思う人は、「ない」ことに意味が隠されているかもしれません。目に見えるものだけに意味や目的を求めるのではなく、「自分」という存在にあらゆる角度から注目していきましょう。

Past border. 〜過去の枠〜

自分で決めた枠の中で
過去にとらわれ
過去を基準に自分を意識する人

自分で枠を変えて
過去にとらわれず
今の自分に意識する人

どちらの世界を選択するのか

宇宙からのメッセージ

　自分で自分の可能性を制限していませんか？
　その制限は、過去の経験によってつくられたものがほとんどです。
　私は、過去の経験に固執して、新しいことに挑戦できなかったり、今の価値観にとらわれすぎたりすることがありました。学生時代、授業中にみんなの前で失敗をし、深く傷つき、恥ずかしい思いをしました。その結果、人前で話すことが困難になり、病院でカウンセリングを受けたこともありました。この経験によって、自分の可能性に限界をつくってしまい、自分の意見を出したり、自分を表現したりすることに自信をなくしてしまったのです。
　枠とは「これは○○というものだ」と定義することと似ています。何一つ変わらない古い定義のまま、新しいものをつくり続けるということは、難しいのではないかと思います。成長するということは、今の自分は前の自分とは違うということです。成長＝変化といえます。自分自身をさらに成長させたい、新しい自分を知りたい、もっと自分らしい生き方をしたい、と思っている場合、過去の枠をいったん外し、変化させて進む必要があります。
　まずは、自分が無意識のうちにつくった過去の枠がどんなものなのかに気づくことが大切です。たとえば、「新しいことに挑戦しようとしたら、まわりから反対された」。このような経験があると、何かに挑戦したくてもまた反対されるのではないかと躊躇してしまい、一歩が踏み出せないかもしれません。これは、「新しいことに挑戦すると自分が否定される」という枠を自分の中につくってしまっているのです。この過去の経験によってつくられた枠の存在に気づくことができたら、どのような枠であれば自分らしいのか、どのように枠をつくり直せば、前へ進めそうなのかを考えることができるでしょう。
　過去の自分も大切ですが、今を基準にしましょう。そして、過去の枠に気づき、変化させることで新しい未来の自分を創っていくことができるでしょう。

内観ワーク

　過去の経験から生まれた枠(定義)によって、自分の行動を制限していませんか？　自分の中に、過去につくり上げた枠がどのようなものなのかを書き出してみましょう。出しきったら、どのような枠に変化させれば自分らしい生き方に近づくのかを考えてみましょう。あなたは常に変化し、成長し続けることができます。今までもそうやって進んできたのです。焦らずあなたのペースで取り組みましょう。

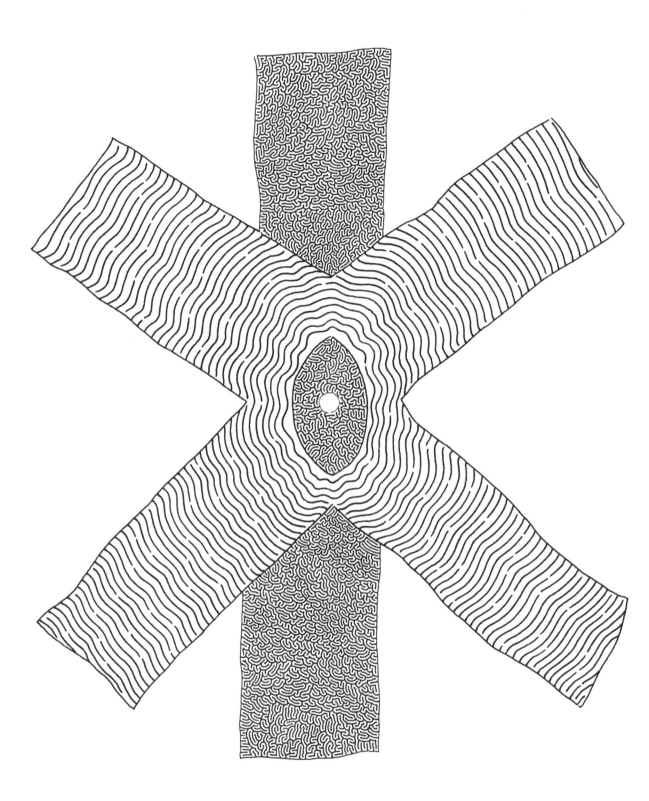

Stereotype 〜固定観念〜

考えれば考えるほど
答えのない問題にはまっていく

一部を見れば見るほど
解決しない出来事にはまっていく

大切なのは広く大きな心で
愛する自分をよく観ること

宇宙からのメッセージ

　頭で考えれば考えるほど、答えが出ず、動けなくなってしまったことはありませんか？

　私自身、人間関係で悩んだとき、誰とも会いたくないと部屋にこもり、答えの出ない問題を必死に解こうともがいた経験があります。答えが出ないとわかっていても考え続けて悩んだり、不安がおそってきて、行動に移せなかったりすることがありました。凝り固まった自分の考え方だけで問題を何とかしようとしていました。このような固定観念は、いつも頭から離れない考えや思考によって、自分の想いや行動に制限をかけてしまっているものです。

　この状況から抜け出すには、自分が今どのような状態になっているのかを、客観的に観る必要があります。

　出口のない柵の中で、出口を探してぐるぐると回っている動物を思い浮かべてみてください。動物の視点でまわりを見渡しても解決しない状態だとわかります。しかし、あなたは柵の外の全体が見渡せる位置から動物を見ています。そうすると、こんなことだったのかと感じたり、抜け出す方法を思いついたり、悩むポイントが違っていたのだと気づいたりするでしょう。

　一部しか見えていなかったために、解決策が出てこなかったということはよくあります。広く大きな視点で、自分自身をもう1人の自分が高い位置から観ているかのように、俯瞰することが大切です。部分しか見えていなかったことから、自分を制限していたことに気づくでしょう。そのことに気づけば、固定観念は自然と手放せるようになっていきます。

　問題の全体像が見えたとき、あなたが生きている世界が変わります。そして、今までとは違う新しい視点を持つでしょう。

　広く大きな心で、もう1人の自分が愛を持って自分を見守るイメージをしてみましょう。小さな自分をもう1人の大きなあなたが、愛で包み込むような感じです。

　広く大きな視点と心で自分を見守ること、一番身近である自分を愛することで、悩みや不安に対しての原因がわかり、あなたの中にある問題が解決へと向かうでしょう。

内観ワーク

　古い固定観念を手放し、新しい一歩を踏み出すには、自分を客観的に観ることがポイントです。今、悩みの中にいるとしたら、悩んでいるあなたを広い心で見守る、もう1人の大きな自分をイメージしてみましょう。もう1人の自分が見る景色は今までとは違い、何かに気づくことができるかもしれません。そして、自分で自分にアドバイスしてみましょう。何か気づきを得たら、優しく導いてあげましょう。

To be present　〜あなたの中に存在する〜

今、あなたは存在する
すでにあなたは持っている

ないものを見ることより
あるものを観てみよう

持っていないものを求めるより
あるものを探してみよう

足りないものを増やすより
あるものを引き出そう

もうあなたはもっている
今、あなたの中に存在する

宇宙からのメッセージ

　あなたは存在しています。あなたが存在しているということは、無限に広がる宇宙も同時に存在しているということです。無限の可能性を持っている宇宙は、何でも創造することができます。いい方を変えると、全てが存在するということになります。

　日常生活の中で「○○があったらできるのに……」「○○がないからダメなんだ……」と考えたことはありませんか？

　私は、自分に足りない何かを補おうと努力したり、不足している何かを満たそうとしたりすることに、たくさん時間を使ってきました。しかし、足りないものを得た瞬間、さらに不足しているものに目が向き、また満たそうと繰り返していました。こうして、ゴールがない迷路の中をさまよっていました。迷路の中に迷い込んでいる状況です。

　しかし、私たち人間は、個性という宝物をすでに持って生まれてきています。個性は、誰一人として同じものはありません。過不足なく、それで充分なのです。

　すでに持っている、あなたという宇宙が持っている自分の良さを探してみましょう。すでに足りている自分の環境をもっとよく感じてみましょう。あなたは満たされています。不足していることに目を向けるのではなく、今ある幸せに目を向けてみましょう。

　もともと興味があるもの、もともと好きなものは、持って生まれてきた感覚だと気づきにくいでしょう。あなたにとってあたりまえのことだからです。あたりまえの中にとても大切な個性が隠れています。

　そして、個性にはあなたの本質が宿っています。すでに満たされている自分探しの旅に出ましょう。ワクワクするような冒険が、あなたの本当の瞑路なのです。

内観ワーク

　あなたはすでに持っています。満たされています。今のあなたの足りない部分ではなく、満たされていること、すでに持っていることにフォーカスしてみましょう。あたりまえの中に隠されていることは多いでしょう。満たされているものやすでに持っているあなたの個性を発見し、感謝を込めて感じてみてください。きっとまた違う自分に気づくことができるでしょう。

Everything changes 〜すべては変わる〜

生まれてきた意味も
生きる目的もそう

自分のことも
相手のこともそう

良いことも悪いことも……

信じることからすべては変わる

宇宙からのメッセージ

　生まれてきた意味がわからなくても、生きる目的がわからなくても、「ただ自分がいて、自分が生きている」という瞬間に注目することが大切です。

　生きる目的を知っているから良い、知らないから悪い、ということではありません。知らないからこそ楽しい冒険になります。わかったときの感動や喜びを感じることができるでしょう。もし迷路の答えを最初から知っていたら、スタートしないかもしれません。ゴールした喜びを味わうこともできないでしょう。

　ここで最も重要なことは、「自分を信じているか」ということです。自分に起きた出来事は全て「良い」と信じれば、自分にとって「良いこと」になるのです。

　たとえば、病気にかかり、体調が悪い日が続き、「病気は良いことが1つもなく、たいへんだけで悪いもの」と信じている場合、病気は悪い体験で終わります。悪い結果として受け止めることになります。しかし、「病気は悪いことだけでなく、自分への気づきによって成長もする」、と信じている場合、健康のありがたみや家族や友人の支えによって気づく人の温かさなど、良い面も受け入れることができます。さまざまな体験を通して良い事と悪い事の差を知り、白と黒の「差を取っていく」ことで、「悟り(差取り)」に近づいていくのではないかと感じています。

　良いことも悪いことも、どのように信じるかで気づきが変わってきます。まずは、一番身近な存在である自分自身を信じることから始めましょう。自分自身を信じきっていくことで、まわりの人、物、出来事全てを受け入れられる自分へと変わっていくでしょう。

内観ワーク

　あなたは、自分をどれだけ信じていますか？　期待ではなく、信じることです。期待は結果にフォーカスしているので、結果が悪かったときに受け入れるのに時間がかかります。「信じる」とは、結果が良くても悪くても受け入れられることができる「自分への信頼」のことです。自分の気持ちを素直に行動に移すことで、自分との信頼関係を築き、信じる力を養っていきましょう。

Sign of the Universe　〜宇宙のサイン〜

宇宙の中に地球があって
地球の中にあなたがいる

あなたは宇宙の一部分
すべてが存在する宇宙へ行こう

自分の中に細胞があって
細胞の中に宇宙がある

宇宙はあなたの一部分
すべてが存在する自分に行こう

宇宙からのメッセージ

　外へと無限に広がる宇宙の中に、地球という1つの惑星があります。そして大きな大きな地球の中に、たった1人のあなたが存在しています。あなたは、宇宙の一部に存在しています。広い広い宇宙の一部分があなたなのです。

　人間の体にある細胞の数は、約37兆個や、60兆個あるといわれています。宇宙に存在する星のように、この細胞の数も人間自身が1つひとつ数えることのできない数です。そして、電子顕微鏡で覗けるミクロの世界があります。このミクロの世界も10倍、100倍、1000倍……と無限に拡大できる世界が存在しています。1つひとつの細胞の中にも宇宙があるといえます。宇宙は、あなたの一部分なのです。

　このように、外へと広がる宇宙と内へと拡大できる宇宙の間に存在するのがあなたです。あなたは宇宙そのものだという見方もできます。宇宙には全てが含まれており、無限の可能性を持っています。その宇宙であるあなたは、どんな自分になることもできるのです。

　自分の可能性を受け入れ、自分を信じることができるのは、自分自身しかいません。直感、ひらめき、興味のあること、知りたいこと、やりたいこと、感情など、これら全ては宇宙からのサインです。宇宙のサインを出しているのも受け取っているのも宇宙に存在しているあなたなのです。

内観ワーク

　あなたは外へと広がる宇宙の一部分です。内へと拡大される宇宙はあなたの一部です。外宇宙と内宇宙の間にいる存在があなたです。そんな神秘的で無限の可能性を持っているあなたをありのまま感じてみましょう。

　リラックスして、まずは外へと広がる宇宙を想像してみてください。次に内へと拡大される宇宙を感じてみてください。その両方の宇宙の間に存在する自分をじっくりと感じてみてください。

第1章　まとめ

宇宙のメッセージを受け取り、魂が求めている「本来の自分」を生きていくためには、自分を受け入れることが大切です。あなたにしかない個性や才能を持って生まれてきたこと、そして、自分の無限の可能性を受け入れることで、光り輝く未来を創っていくことができます。

ありのままの自分を生きることで、宇宙からのメッセージを明確にキャッチし、個性輝く自分の人生を歩んでいくことができます。

自分を受け入れるには、3つのポイントがあります。1つ目は、「自分の中に答えがある」ということです。あなたは自分のフィルターを通して世界を見ています。自分が感じたことを素直に受け取り、自分らしい選択をすることで、あなたのフィルターはどんどんクリアになり、本来の自分の見え方になっていくでしょう。

また、自分の本質を理解することが大切です。外見や声、性格など、一部に注目するのではなく、さまざまな要素が合わさって自分 (全体) が創られていることを意識しましょう。まるで風景を観るように客観的に自分を感じていくと、本来の姿が現れ、ありのままの自分をより深く理解することができるでしょう。

あなたが観ている世界は、あなたにしか感じることができません。体験する世界が自分の真実を創っていることに気づくと、自分の中にすでに答えがあることを実感するでしょう。

2つ目は、新しい自分を創っていく準備として、「迷路を抜け出し、自分を観る」ということです。

人は、人生の目的がわかると自分の歩むべき道が明確になります。人生の目的は、理由もなく好きなことや何かを知りたいという欲求の中に隠されています。目に見えるものだけに答えを求めるのではなく、自分の内側に注目していくとよいでしょう。

今の自分の状態を理解することで、過去の自分がつくった枠 (定義) に気づくことができます。どのような枠が自分らしいのか、どんな枠に変化させれ

ば良いのかを考えてみましょう。新しい自分になるためのヒントが見えてきます。

また、自分を制限している固定観念があるなら、手放していきましょう。広く大きな視点と心で自分を見守ること、一番身近である自分を愛することで、自分を観る習慣が身につくでしょう。

3つ目は、自分の世界を創っていくとき、一番強い力となる「自分を信じる」ということです。

自分の足りない部分ばかりを見るのではなく、今満たされていることに注目することが大切です。自分ではあたりまえのように感じている個性に気づくことが、自分を信じるきっかけになります。

何を信じているかによって、さまざまな出来事は良いことにも悪いことにも変化します。自分を信頼していると、常に結果をベストなものとして受け入れることができ、あなたの人生に強い力を与えてくれるでしょう。

自分を受け入れられると、宇宙のように無限の可能性を持っている自分を認めることになります。外へと広がる宇宙と内へと広がる宇宙の間に存在するのがあなたです。あなたは宇宙そのものであり、どんな世界でも創ることができます。自分で自分を認めることで、あなたの中にある個性は、無限の可能性へと変化していくでしょう。

第2章は、あなたの個性をさらに引き出し、新しい自分の発見ができるように描いています。そして、今まで育んできた個性をさらに奥深くすることができます。ぜひ、ドキドキワクワクしながら読み進め、ワークも自分のペースで行ってみてください。

また、第1章は、必要だと感じたときにいつでも読み返してみましょう。成長していくごとに、感じ方もどんどん変化していきます。新しい視点から読むことができるので、最初に読んだ印象とは変わり、あなたの可能性はますます広がっていくでしょう。自分を受け入れるということは、ずっと続いていくのだと感じています。

第 2 章

自分を追求する

1. 勇気を出して素直な自分を選択する
2. 感じたものをそのまま受け取る
3. 本来の自分に気づく

※82頁に拡大版があります

The presence of light 〜光の存在〜

循環する思考
循環する感情

循環する想いの中に
必ず光る瞬間がある

はじめは一瞬かもしれない
根源に気づくことで
ありのままの自分が常に光を観ていると知る

自然の流れに乗って
もう1人の自分に聞いてみよう

宇宙からのメッセージ

新しいアイデアや解決策を出したいのに見つからず、堂々巡りになったことはありませんか？

いろいろと考えすぎて、結局最初の状態に戻ってしまったり、思い浮かばず、モヤモヤとした想いを感じ続けたりしたことが一度はあるでしょう。このような状態のとき、湧き出てくる思考や想いに抵抗せず、リラックスして感じ取っていくと、一瞬の光のようにひらめき、アイデアが浮かぶことがあります。

1つの考えにとらわれ、受け入れられないときや、自分を客観的に観ることができないときは、なかなかアイデアや突破口が見つからないかもしれません。しかし、自分を否定せず、今の状況を受け入れ、思考や感情を受け取っていると、あなたのエネルギーが循環します。そして、内側のもう1人の自分からのメッセージとして、一瞬の光のようにふっとアイデアが出てきたり、聴こえたりするでしょう。

ポイントは、自分の状況を受け入れ、リラックスすることです。そうすると、自分のエネルギーが自然と循環し、頭の中がクリアになります。そして、新しいアイデアが入ってくるすき間が生まれます。このすき間に光が差し込むように、新たな考えや突破口が入ってくるのです。

出てきたものを素直に感じ、受け取ると、ありのままの自分で過ごせる時間が増えます。そして、自分の中にできたすき間に差し込む光は、常に自分を照らし続けていたことに気づくでしょう。解決策が見つからない、どんよりとした影とともに歩き続ける中、常に光も存在していたことに気づくでしょう。

ありのままの自分を選択し続けることで、自然の流れにのることができます。自分のペースで歩んでいきましょう。光が差すほうへ水の流れのように進むと、もう一人の自分とともに歩んでいく実感が味わえるでしょう。

内観ワーク

悩んでも大丈夫です。答えが見つからず、考えすぎても大丈夫です。その経験があるからこそ、自分を客観的に大きな視点から観ることができます。そして、視点が変わったときに自分のすき間に光が見えるでしょう。一瞬のひらめきをキャッチすることが大切です。悩みの声とひらめきの声の違いを感じてみましょう。あなたは常に内側の自分からの光を与えられています。

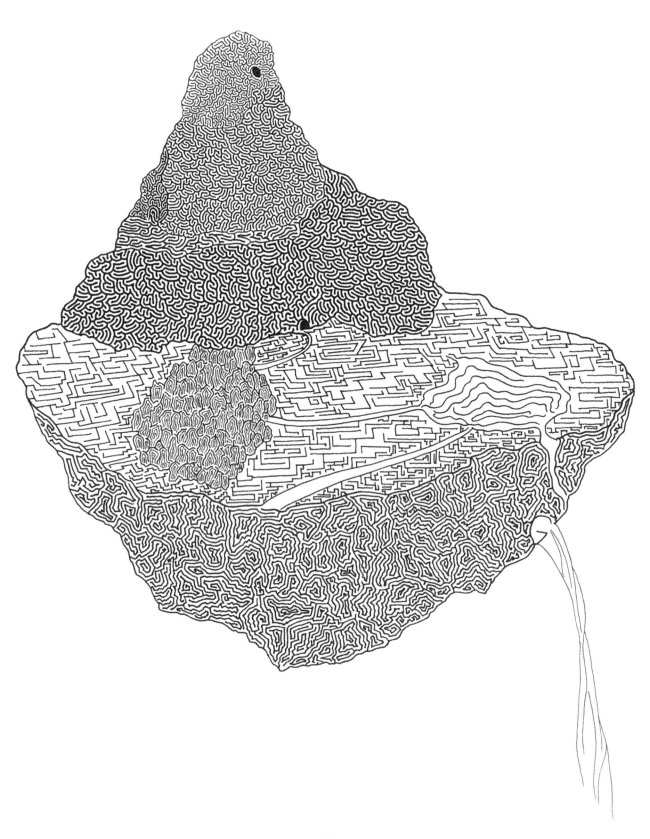

Finding flow ～流れを見つける～

限られた大地の中で
思い悩むよりも挑戦しよう

楽しく道を歩めば
迷路は冒険になる

気づきを得て進めば
自然に流れ出す

宇宙からのメッセージ

　自分探しをする中で、常に新しいことを追い求めてはいませんか？

　自分自身を見つめず、何が足りないのか、何が必要なのか、と目に見える外側の世界に答えを求めている人が多いのではないでしょうか。

　外の世界だけにフォーカスし、「必要なものは何か？」という問題の中で過ごしていても答えが見つかることは難しいかもしれません。そして、何かに挑戦することだけが、答えにつながるわけでもありません。

　新しく別のものを取り入れること以外にも、方法はあります。それは、自分の内側から出てくる想いを、素直に外側の世界で表現することです。自分の純粋なエネルギーが循環し、新たな変化へとつながります。勇気をもって、新しいものに挑戦することも大切ですが、今の素直な気持ちや感情を表現することも挑戦になります。

　力んで何かに取り組むというよりも、今やりたいことや今楽しいことを気軽に行動に移すことが大切です。

　たとえば、休日のある日、ドライブに行きたいと思ったら、ドライブに行きます。ドライブ中に本屋に行きたいと思ったら、本屋に行きます。○○したいと思ったら、できる範囲ですぐ行動に移すことを繰り返してみましょう。

　自然にやりたいと思うことを行動に移すと、内側の自分の気持ちを外側の世界に反映させることになります。そして、この状態がありのままの自分を創り出し、物事がスムーズに流れていくようになるのです。

　そうすると、自分探しがたいへんな思いで進む「迷路」ではなく、自分の内側とつながって楽しく進む「冒険」に変化します。冒険の中で気づきを得て、自分と向き合っていきましょう。すると、湧き水があふれて流れ出すように物事が進み、やがて滝のようにダイナミックになり、あなたの人生が劇的に変化していくでしょう。

内観ワーク

　現状から1つ成長するには、いきなり何か大きいことに挑戦することではなく、今、○○だと感じた。今、○○を知りたいと思った。今、○○したいと思った。という気持ちをできる範囲で、すぐ行動に移しましょう。そして、それを繰り返してみましょう。たった1つの小さなきっかけが、あなたの人生を左右する、大きなきっかけへとつながっていきます。

※83頁に拡大版があります

Jewel of your inside　〜宝石はあなたの中に〜

光るもの
それはあなたの中にある

ここに来る前からも
ここに来た後も
輝きは失われることなく
光り続けている

世界の海が広がる前に探してみよう
世界の海が深くなる前に潜ってみよう

その勇気はあなたの光に届くはず

宇宙からのメッセージ

　あなたの光り輝く個性は、あなたの中に存在しています。

　あなたは生まれてくる前から自分の個性を知っていました。きっと生まれてきたときも覚えていたでしょう。しかし、大人になるにつれて忘れてしまった個性があります。まだ、あなたの中に眠っている個性もあるでしょう。

　これらの個性は、常に光り続けていて、あなたに見つけてもらうこと、表現してもらうことを待っているかのようにずっと存在しています。失われることも、弱くなることもありません。逆に変化したり、進化したりするでしょう。

　あなたの光り輝く個性を思い出しましょう。また、あなたの中に眠っている宝石のような個性を探しに行きましょう。日常の中で見つからないのであれば、非日常を創ることが大切です。

　たとえば、気になっていたお店に行ってみる。やってみたい習い事をスタートする。今なんとなく続けているものをやめて、新しい趣味を見つける。など、何でも構いません。

　いつもと違う自分を体験するには、暗い海底に一歩踏み出すような勇気が必要です。一歩踏み出すと、自分が本当にやりたかったことに気づき、新しい個性の発見に近づくでしょう。

　今というこの瞬間に動くことが一番の近道です。思い立ったときに、すぐ行動に移しましょう。今、感じること。今、したいこと。その今の気持ちに反応すると、踏み出す足は軽くなるでしょう。あなたの勇気は必ず、光り輝く個性へとつながっています。

内観ワーク

　自分の光り輝く個性を思い出したり、見つけたりするには、少しの変化が必要です。日常の中では、今までの習慣で過ごしているので、自分の個性に気づくことは難しいかもしれません。そのようなときは、日常に変化を取り入れてみましょう。今、気になることをやる。今、やりたいことをやる。など、今感じることを大切にしましょう。または、なんとなくやっていることや惰性で続けているものを一度手放してみましょう。自分の直感に任せて行動することで新たな自分の一面に気づくことになります。

　非日常へ踏み出す最初の一歩は、海底へ潜るようにこわいかもしれません。しかし、あなたの勇気と比例して自分の光り輝く個性の発見へと近づくでしょう。

※84頁に拡大版があります

✲ Memory of tree ～木の記憶～ ✲

木は大地と天をつなぐ
地球や宇宙の記憶がつまっている

今まで木が見てきたこと
感じてきたことは何だろう？

いつの日かみんなでシェアしよう
そう約束してきた気がする

宇宙からのメッセージ

　木は何も言葉を発することなく、悠々と立ち尽くしています。
　まるで全てを見ているかのように、全てを受け入れているかのように、じっとしています。自然の風、雨、光を味わいながら生きています。私たち人間が一生の内に体験することを、木は木らしく経験しているのでしょう。とても長く生き続けている木もたくさん存在します。私たちが見たことのないような景色や、感じたことのないような想いを持って生きているかもしれません。
　私は、木が地球と寄り添って、宇宙を眺めているように見えます。木と宇宙に神秘を感じ、生きることの奥深さに気づかせてくれるものだと感じています。生きている間に木と交流して宇宙について語ってみたいものです。

　また、人の内側にも無限の宇宙を感じます。人の想像力は自由で神秘的で無限の可能性を持ち、ワクワクするような力を持っています。小さいころから、よく妄想して遊んでいた人もいるでしょう。想像の世界で遊んで、1日が終わってしまった人もいるかもしれません。私は木と触れ合うことで、自分が小さかったころの無邪気な感覚に気づかされます。
　みなさんもぜひ、小さかったころによく遊んだ風景を思い出してみてください。特に自然と触れ合い、何も考えず、無邪気に遊んだ日を思い返してみてください。きっとあなたが求めていた気持ちや感覚を思い出すのではないでしょうか。思い出したことをみんなでシェアして、夢あふれる会話をしたいですね。

内観ワーク

　あなたが小さかったころ、純粋に楽しんでいた遊びや、まわりを気にせず何かに集中して取り組んでいたことを思い出してみましょう。気づいたらやっていた、気づいたら時間を忘れて没頭していた。そんな思い出があるのではないでしょうか？
　そのときの気持ちをよく味わってみましょう。今のあなたにとって必要な感覚に気づくかもしれません。感じられた方は、大切に記憶しておきましょう。

Overflowing thoughts　〜溢れる想い〜

小さいころからの頭の中
いつも意識は楽しい世界

どんな考えも気持ちも自由
意味をつけるのも自由
どうするのかも自由

だから全部が自分色
溢れる想いはそのままに

宇宙からのメッセージ

　あなたは幼少期、何を感じて過ごしましたか？ 何に興味を持ち、どのような行動をとっていましたか？　ゆっくり思い出してみましょう。

　子どものころは意識よりも無意識のほうが先にきて、頭で考える前に行動をしていませんでしたか？

　子どものころは、結果を予想したり、損得を考えたりする前に、〇〇したいからやってみた、〇〇が気になるから自然と夢中になった、など無意識に過ごしていたことが多いのではないでしょうか。

　自分の気持ちに制限をかけず、目の前のことに集中して、純粋に楽しんでいたことがたくさんあったと思います。結果はどうであれ、自由でした。何かに意味をつけるのも自由でした。そこから次にどう考えて何をするのか自由でした。やること全てが自分色になるような時間を過ごしたことが一度はあるでしょう。

　無意識に動いたとき、あふれてきた想いを、思考を介さず行動へ移していたでしょう。大人になるにつれて、無意識よりも意識が強く大きくなっていきます。意識することも必要なことですが、無意識と意識のバランスが重要なのです。意識が大きく強くなりすぎると、内側の自分からのメッセージである「無意識にしたいこと」に気づかなくなってしまいます。

　無意識からきた想いを、結果を予想してやめてしまったり、本当はやりたくないけど得するからやろう……、本当はやりたいけど損するかもしれないからやめておこう……と考えたりしていませんか？　このように、損得勘定で考え、そこからどうするのかではなく、まず行動へ移すことを意識してみましょう。

内観ワーク

　無意識に行動してしまいそうなことを意識でブレーキをかけていませんか？　あとまわしにせず、今気になったら今動いてみましょう。純粋にやりたいと想ったことをどうしようかと損得で考える前に、表現してみましょう。もちろんできる範囲で構いません。ほんの少しの変化から大きくなるので、まずは小さなことから始めてみましょう。

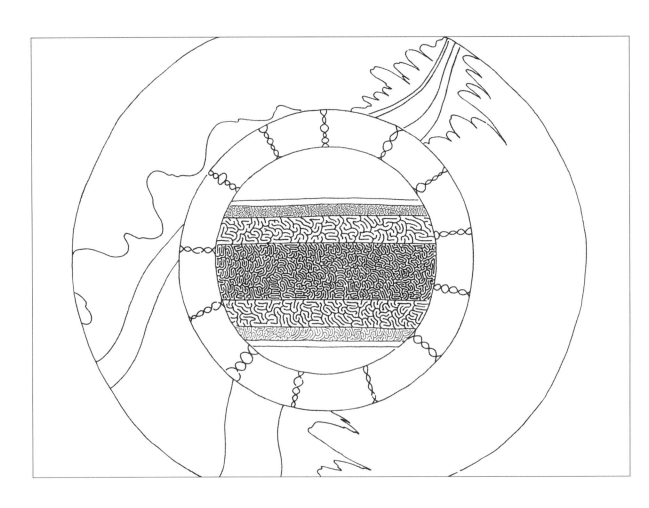

※85頁に拡大版があります

My aura harmony B　〜私のオーラB〜

繋がることで思い出す
思い出すことで発見する

発見することで前進する
前進することで信頼する

信頼することで共鳴する
共鳴することで調和する

宇宙からのメッセージ

　1つひとつの出来事は独立しているように思うかもしれません。1つひとつの物を見ても、単体として見えるかもしれません。1人ひとりの人間を見ても、つながりを感じられないかもしれません。しかし、思ってもみなかった出来事をきっかけに天職が見つかったり、不思議なご縁を通して最愛のパートナーと結ばれたりすることがあります。1つひとつの出来事や1人ひとりのご縁は、つながっているのです。

　このように運命のような出来事やご縁を目の当たりにすることで、本来の自分が歩んでいく道を思い出していきます。そして、自分という存在が宇宙の根源である愛のエネルギーに近づいていきます。

　根源に近づいていくにしたがって、たくさんの気づきが起き、自分自身の発見が増えていきます。思い出すことも新しい発見です。たくさん見つけた発見を素直に受け入れることで、前進します。後ろに下がったかのように思い悩むことがあったとしても、その悩むこと自体が前に進んだ証拠です。

　前の自分との変化を感じられることが成長です。成長とは、今の自分を受け入れ、新たな自分と出会い、そして融合していくこと。この循環ができれば、あなたは自分のことを信頼し、ありのままの自分を感じて受け止めていけるでしょう。信頼は自分に自信を与えます。そして、揺るがない信念が生まれます。他人を受け入れ、人に優しくできます。

　このように、自分とのつながりを強く太くしていくことで、さまざまなシンクロが起きます。人とのつながりにも大きく影響していき、あなたの想いがまわりと共鳴していくことで、あなたの願いが叶っていきます。神秘的で奇跡的なことがあたりまえのように起こるでしょう。無意識だけでなく、意識的にも全てとの調和に近づいていくのです。すでに調和されていたことにも気づき、より自然な世界へと広がっていくでしょう。

内観ワーク

　ここまでワークをしていく中で、あなたはどれだけ自分を信頼できるようになりましたか？　自分への信頼度は、自分を受け入れられる器の大きさと似ています。どんな自分であっても、どんな出来事が起きたとしても自分を信じていることができる。それがあなたにとって、一番の味方になってくれるでしょう。自分を信じていく道は続いていきますが、一歩一歩、自分自身との絆を深めていきましょう。

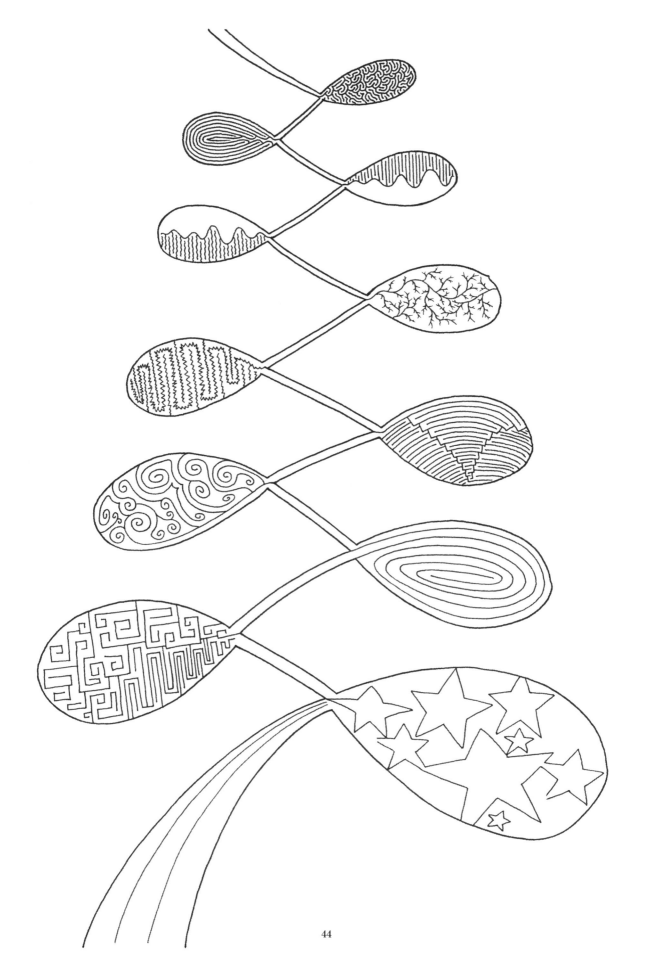

The world changes　〜気づきの連続と見える世界〜

小さな気づきの連続が
見える世界の変化に繋がり
大きな気づきへと導かれる

大きな気づきの積み重ねが
生きる世界の変化に繋がり
本来の自分へと導かれる

宇宙からのメッセージ

　1つひとつの小さな気づきの連続が、あなたの世界を少しずつ変化させます。まるでグラデーションのように自然と移り変わっていきます。

　小さな気づきは1つひとつが独立しているように思えても、実はつながっています。つながりを探そうとしなくても大丈夫です。大きな気づきの中に、今までの小さな気づきがたくさん含まれているように、小さな気づきの連続がやがて大きな気づきになります。大きな気づきは、一生懸命探さなくても導かれるようにやってきます。そして、大きな気づきによってあなたのまわりの世界は大きく変化しているでしょう。大きな変化に順応するころ、また小さな気づきの連続が起きるでしょう。そして、それがまた大きな気づきにつながります。

　あなた自身が変化していくことで、生きている世界もどんどんと変化していきます。あなたの小さな変化がまわりの大きな変化へとつながっていくのです。そして、本来あなたが求めている自分の姿へと近づいていくでしょう。

　小さな気づきが起きる時点で、すでに世界は変化しています。小さな変化を楽しめるようになると、あなたにますます気づきがやってくるでしょう。1つのことを追究していく中で、新しい気づきが生まれることもあります。これも変化です。今までとは違う新しいものを取り入れることだけが変化ではありません。1つの物事を深めていくことも大切な変化です。

　自分を信じて変化を受け入れていくからこそ、気づきが生まれ、より理解が深くなります。気づきは、あなたが本当に求めているからやってきます。決して受け身のように勝手にやってくるだけではありません。あなたが変化を求めることを受け入れた瞬間から、気づきの連鎖は始まるでしょう。

内観ワーク

　あなたはもうすでにたくさんの気づきを積み重ねてきました。1つひとつの小さな気づきを元に、何か大きな気づきが生まれたことはありませんか？ また、これから行動して毎日の変化を受け入れる準備はできていますか？　準備ができていれば、すでにスタートしているでしょう。1つひとつの小さな気づきを大切に歩んでいきましょう。

✴ Time is one 　〜時間は一つ〜 ✴

過去・現在・未来とあるが、
本当は今しかない
過去や未来に、意識ある自分として
存在することはない

しかし、過去から未来まで
すべて繋がっている
線に見える時間は交差することによって
1つになる

今を生きると1つだとわかる

宇宙からのメッセージ

　過去、現在、未来、あなたは、いつを生きてますか？

　過去に生きている状態とは、あのとき、ああすれば良かったなぁ……、なんでこんなことをしてしまったのか……、という後悔をして過ごしている時間のことです。また、あのときは良かったなぁと、昔の思い出に浸っている時間のことです。

　では未来に生きている状態はどうでしょうか。まだ起きてもいない未来を考え、どうしようと悩んでいる時間のことです。まだ結果がわかっていないのに、ダメだったらどうしようと不安になったり、心配していたりする時間のことです。また、将来の希望にあふれる自分の姿を想像している時間も、未来に生きている状態といえるでしょう。

　このように今ではなく、過去や未来に生きている時間がかなりあるのではないでしょうか。

　もちろん過去の思い出や未来の希望にフォーカスしている時間は大切です。しかし、私は、過去の後悔や未来の心配事をしている時間が多かったことに気づきました。

　過去や未来にフォーカスして時間を費やしていても、今に生きることしかできないこの世界では、もったいないなと感じたのです。
生きている時間のほとんどを「今」に集中して過ごすことができれば、自分本来の輝く生き方になっていくのではないでしょうか。

　絵を観てみましょう。パラレルワールド（並行世界）のようにたくさんある直線は時間（過去・現在・未来）を表しています。その直線が集まることで曲線になり、それらが一周して円のように1つになります。たくさんある時間軸も実は「今」という瞬間しかないということを意識し、どのような時間を過ごすかが大切なのではないでしょうか。

内観ワーク

　あなたは、「今」に生きていますか？　まずは、過去の思い出や後悔、未来の不安や心配事にフォーカスしている自分に気づいてみましょう。気づくことが大切です。今を生きるには、今気になること、今思ったこと、今やりたいことをすぐ行動に移すことです。または、体の感覚に意識を向けたり、呼吸に意識したりすることで、ニュートラルな自分へと戻れるでしょう。

✳ The symbol of the Universe　〜宇宙の記号〜 ✳

永遠に広がって枠を超えても
変わらない形や想いがある

中身は人それぞれ考え方や表現が違うが
根源は完成した紋章のように整い、
存在する

■ 宇宙からのメッセージ

（これは前世の自分から今の自分に送られたメッセージです。そのため、文末が常体となっています）

　地球上の全ての存在、太陽系にいる全ての存在、銀河系にいる全ての存在、宇宙にいる全ての存在、そして永遠に続く全ての存在。始まりも終わりもなく、広がり続けるものがある。それは常に変化し続ける。

　どれだけ変化し続けても、増え続けたとしても、変わらない形や想いが存在する。それは、枠があるのではなく、枠を超えた先にあるものでもなく、全てに含まれているもの。そして、全ての人、全ての物質、目に見えないエネルギー、次元の違う空間など、存在する全ては１つとして同じものがない。

　全てに共通して含まれているもの。それは、根源であり、完成された紋章のように整い、全てとつながっている。あたりまえのようにあり過ぎて気づかないほど単純で、だからこそ複雑に感じられる。本当は知っているのに、意識ではわからない。本当は感じているのに、意識では理解できない。私は宇宙の記号という認識をしている。

　宇宙の記号のように、人間に共通する普遍的なものがある。それは循環すること。循環の中で、あなたにしかできない表現があり、光り輝くための１人ひとりの役割がある。それを思い出すために瞑路が存在し、瞑路に隠された暗号によって、明らかになると信じている。

■ 内観ワーク

　私が今描いている瞑路や記号は、小学生のころから無意識に描いていました。意味もなく、ただただ夢中になって描いていました。めいろを書くことに目的もゴールもないけれど、とても充実していました。「楽しく書く」ということに意味がありました。

　あなたも今まで生きてきた中で、目的もなく夢中になっていたことが必ずあるでしょう。そして、今でも子どものころのように夢中になれるものがあるでしょう。そこには意味があります。その意味は、あなたがそれを表現するために生きているからです。思い出してみましょう。そして、成長した今はどうなのか感じてみましょう。きっとそこには、共通する暗号が隠されています。

第2章　まとめ

「本来の自分」を生きていくために、自分を受け入れることができたら、次のステップとして、自分を追究しましょう。あなたが生まれてくる前に決めてきたことを思い出し、自分はどんな存在なのか、今の自分は何を感じて、何を想うのかを追究することで、本来の自分に近づいていきます。

そして、今を生きることで、宇宙からのメッセージをすぐ行動に移すことができ、光り輝く個性を発揮した人生を歩んでいくことができます。

自分を追究していくためには、3つのポイントがあります。

1つ目は、「勇気を出して素直な自分を選択する」ということです。

さまざまな出来事の中で、悩んだり、感情的になったりすることがあります。しかし、そんな自分を否定することなく、受け入れ、認めていくことで、解決へと続く光を観る瞬間があります。悩みの声とひらめきの声の違いを感じ、一瞬のひらめきをキャッチしていきましょう。

そして、自分の内側から出てくる気持ちを行動に移していくことで、本来の自分に気づき、物事がスムーズに流れていきます。素直な気持ちを選択し続けることで、自分を追究していきましょう。人生が迷う迷路ではなく、楽しい冒険のように進み始めます。

さらに、非日常を創ることで、新しい自分を知るきっかけになります。未知のことに挑戦するのはこわいかもしれません。しかし、一歩踏み出す勇気によって、あなたの中に眠っている宝石のような個性と出会うことができるでしょう。

2つ目は、「感じたものをそのまま受け取る」ということです。

自分らしく人生を歩んでいくためには、自分が感じたものをありのままに受け取っていくことが大切です。

子どものころ、夢中になって遊んでいたことや、時間を忘れて何かに没頭していたことがあるでしょう。一度ゆっくりと思い出してみましょう。

思考が強くなると、内側でやりたいと感じている

ことにブレーキをかけてしまいます。結果を気にすることなく、また損得勘定で判断するのではなく、純粋に目の前のことに集中していきましょう。

まずは行動に移すことが大切です。その状態がありのままの自分であり、あなたの生きる意味や人生のミッションへとつながっていきます。そして、真の自分との統合、さらに、まわりの世界との調和へと向かっていくでしょう。

3つ目は、「本来の自分に気づく」ということです。小さな気づきは大きな気づきへと向かい、やがてあなたの生きる世界が変わっていきます。自分と向き合っていないと気づきは起こらないでしょう。自分が変化していくことを受け入れ、認めることが大切です。そして、過去の後悔や未来の不安ではなく、「今」という瞬間を意識しましょう。今を生きると、自分とのつながりをより深く感じられ、本来の自分に気づくことができるでしょう。

自分を追究するということは、たった1人しかいない自分の個性を認め、さらに新たな自分に気づいていくということです。そして、根源にある愛のエネルギーにも気づいていくでしょう。愛のエネルギーは、自分自身を生きることで実感できます。自分らしさを追究していくと、今までの悩みや疑問がひも解かれていくでしょう。答えはあなたの中にあります。

第2章も必要だと感じたときにいつでも読み返してみましょう。自分が変化するたびに、また違った視点から読むことができます。読むたびに受ける印象や気づきは、今のあなたにとって必要な宇宙からのメッセージです。自分を追究することは、いつも楽しく、ずっと続いていく瞑路なのです。

第3章は、あなたの個性が光り輝き、より自分らしく表現して生きていけるように描いています。そして、今までに気づいてきた「自分」を気持ちよく表現して、まわりの世界を輝かせていくことができます。ぜひ、光り輝く自分を想像しながら読み進め、ワークも自分のペースで行ってみてください。

第 **3** 章

自分とつながる

1. 自分にしかない〝路〟を切り拓く
2. 自分の想いが世界を創る
3. あなたの光は輝き続ける

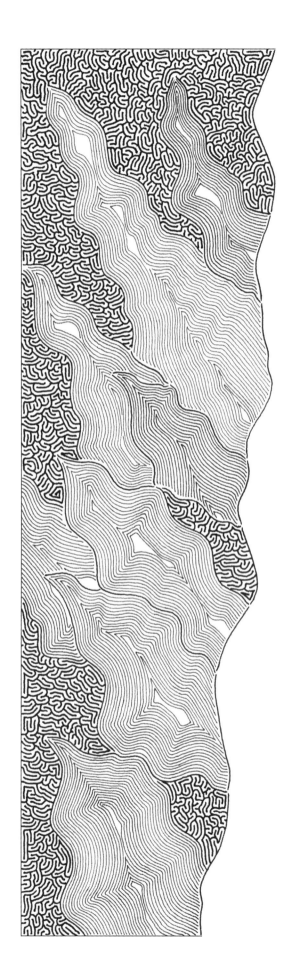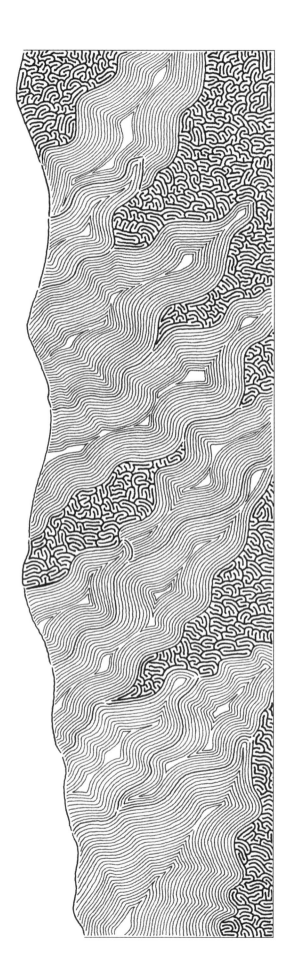

My way　〜自分の道〜

自分の道はすでにある
まわりの景色に圧倒され
左右されるのではなく

楽しみながら進むこと
感じながら進むこと

受け取るサインによって観える道こそ
あなたの本当の路

宇宙からのメッセージ

あなたには今までに歩いてきた道があります。その道は、どんな道だったでしょうか？

私は20代までは、自分らしい道を歩くこともあれば、ほかの道を見ていいなぁと思い、他人の道をまねして歩こうとしていたこともありました。そして、歩いてきた道はとても楽しくてつい走ってしまうような道から、道なき道をがむしゃらに進もうとしたこともありました。

あるときから、自分と向き合う中で自分の道が観えるようになり、まわりにいる人の道が景色として映るようになりました。そして、とてもわかりやすくて気持ちの良い道があることに気づきました。

あなたの本当の〝路〟は、あなた自身にしか見つけられません。そして、先へ進むことはあなたにしかできません。どの道が本当の〝路〟なのか、見つけるのはあなた自身です。そして、「本当の〝路〟だよ」というサインを送っているのは、宇宙であるあなた自身なのです。

他人の道を見て、何かを考えたり、感じたりすることも大切かもしれませんが、まずはあなたがワクワクする道は、どのような道か感じてみましょう。

あなたはすでに、本当の自分の〝路〟を歩いたことが必ずあります。そこから外れて、自分で歩きにくい場所へ行っている人もいます。行き止まりなのに、無理に通ろうとしている人もいます。本当の〝路〟の中で横に外れて迷っている人もいるでしょう。

あなたが心地よいと感じる道を選択しましょう。それがあなたの進むべき〝路〟なのです。

内観ワーク

今歩いている道はどんな道でしょうか？　その道を歩いているときの気分はどうですか？　ゆっくりイメージして内観してみましょう。もし自分の〝路〟ではないなと思うなら、あなたがあなた自身にどんなメッセージを送っていますか？　ありのままに受け取ってみてください。

自分の〝路〟を歩いているなと思う人は、この先どんな〝路〟にしていきたいですか？　想像することで路を創造することができます。遊びのように楽しんで想い描いてみましょう。

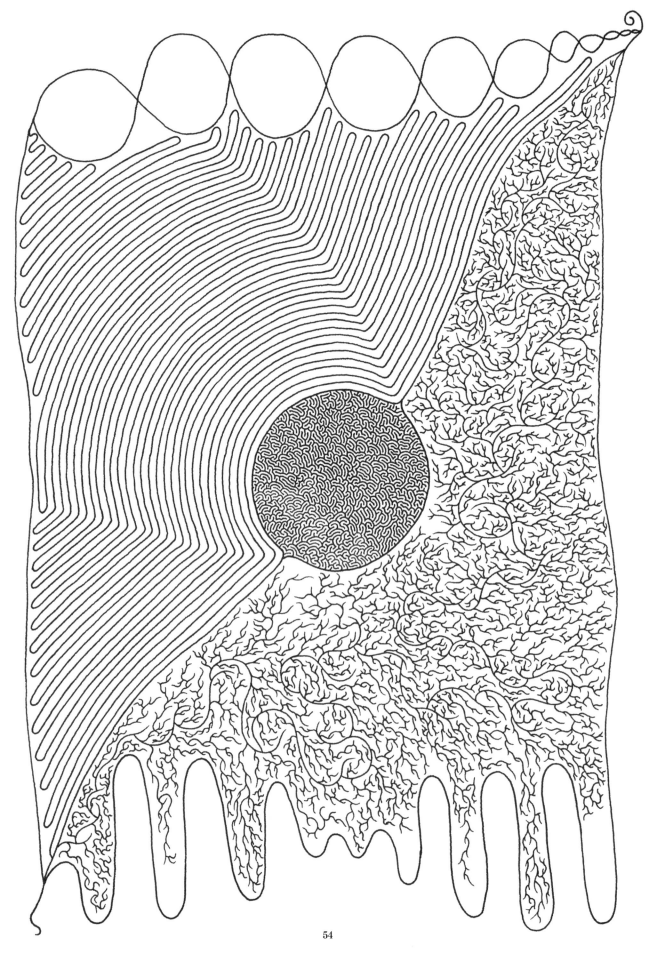

Route ～ルート～

まずはスタートしよう
目的がなくてもいい
直感でやればいい

生まれてきた目的は
進むことで見えてくる
楽な道も辛い道もある

どのルートで行くのか
すべてはあなた次第

宇宙からのメッセージ

さあ、まずはスタートすることから始めましょう。そして、自分の進むルートを決めましょう。あなたはここまで、自分と向き合い、さまざまな気づきを得てきたと思います。もうすでに行動し、表現が始まっている人もいるでしょう。

目的は、進むうちに明確になっていきます。すでにわかっている目的もあるでしょう。

全ての人に共通する目的は、自分らしい個性を表現することです。この目的を通して、まわりの人に与える影響や、自分の本当の幸せに気づいていくでしょう。

頭で考え過ぎず、まずは直感にしたがって選択していきましょう。動いてみましょう。地球にあるものは、固体、液体、気体、全て物質でできています。だからこそ、「物質である肉体を使って行動する」ということが重要になります。

あなたが受け取った直感を信じ、すぐに行動に移すことが近道です。

自分のルートは、あなたにしか降りてこない直感によってわかります。どんな道を選択するのかも、あなたが決めることができます。自分で決めていないかのように思っても、ある地点に到達することで、やっぱりこのルートで良かったんだと感じるでしょう。

あなたは自分との信頼関係ができればできるほど、自分が選択するルートに自信を持ち、勇気を持って歩んでいけるでしょう。そして、選択した結果を受け入れ、気づきを得ていくたびに、あなたが決めてきた目的へとつながっていくでしょう。

内観ワーク

あなたはどんなルートで進みたいですか？ 自分に聴いてみましょう。楽しくてワクワクするルートが良いと思うでしょう。あなたにとって楽しく進むことができるルートを選択していきましょう。他人の感性ではなく、あなたの直感を信じて行動に移してみましょう。

Not a maze　〜迷路ではない〜

みんなが行くから自分も行くのか？

まわりが止めるからあきらめるのか？

他人が決めたことを自分がするのか？

世界が反対しても、僕は自分の道を行く

宇宙からのメッセージ

　まわりの人に合わせて、自分の気持ちを抑えていませんか？

　まわりの人や環境に合わせて、進む必要はありません。まずは、自分の内側に注目し、よく観察して、本当の気持ちを感じてみることが大切です。自分の気持ちを抑えると、自分への信頼感は薄れてしまいます。自分を表現することは、まわりの人にも良い影響を与えることができます。それは、より良いものへ進化するための大切な行動なのです。

　しかし、あなたが勇気を持って行動したとき、反対する人、否定する人もいるでしょう。まわりの人は、あなたが変化することがこわいのです。反対する人は、あなたと今のバランスのとれた関係でいたいから、否定するのです。

　ですが、あなたはあなたです。まわりの人の基準で全てを判断する必要はありません。他人が決めたことを続ける必要もありません。あなたが知りたいこと、やりたいこと、挑戦したい

ことは、あなたの中に存在する宇宙からのメッセージなのです。自分を信じて行動に移すことが大切です。

　自分を基準にして行動すると、言動や行動の仕方、さらに結果に対しても、自分自身に責任が生まれます。

　他人が決めたことを行動に移しても責任は薄く、結果が出なかった場合、人のせいにする原因にもなります。これでは、自分の成長にはなかなかつながりません。

　あなたが自分で決めたことに責任を持って行動し、結果と向き合い、感じて考えて進化することがとても重要なのです。

　誰が反対したとしても、自分を信じて行動することで、結果はどうであれ、必ずあなたにとって本当に大切な経験値になるのです。やった結果に対して素直に向き合えるのです。自分で自分の〝路〟を切り拓いていくと、感動を味わえるでしょう。

内観ワーク

　あなたは、自分の気持ちを抑えてまわりに合わせたり、やりたいことに挑戦しなかったりしたことはありませんか？　自分自身に聴いてみましょう。一

度きりのあなたの人生、やってもやらなくても一生は終わります。結果よりも挑戦すること、表現することがあなたの生き方にとって重要なのです。

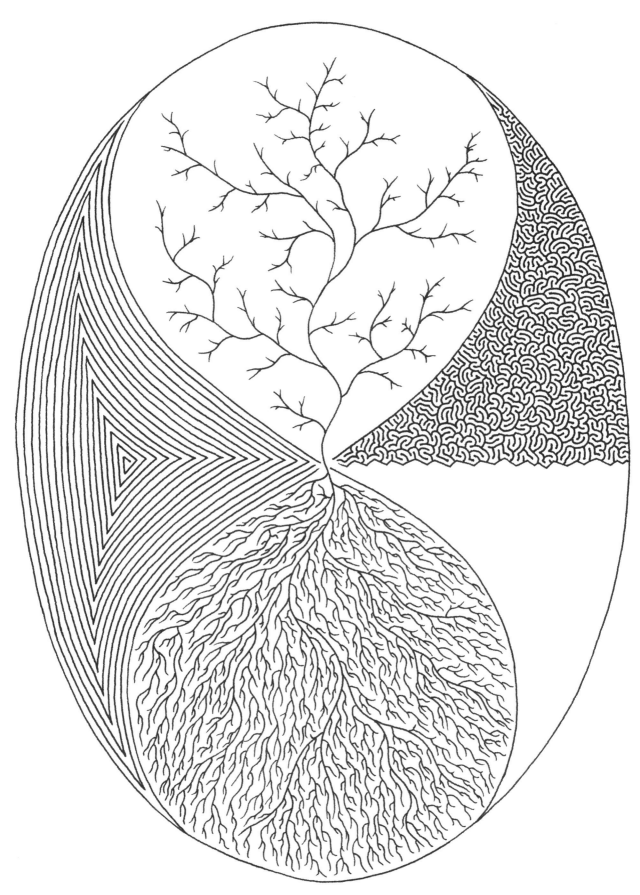

考えなくていい
全ては一つ

分けなくていい
すべては1つ

スタートがあるからゴールが生まれる
ゴールがあるからスタートが存在する

宇宙からのメッセージ

　思考は物事を整理したり、判断したり、計画したりと、とても重要な働きをします。しかし、思考だけで世界を創っていくことは難しいでしょう。

　思考をフルに使うことで、左脳ばかり使いすぎると、バランスが悪くなります。まずは考えることより感じてみましょう。右脳で直感や感覚を受け取り、左脳で地球に必要な言語や考えを形にすることが必要なのです。右脳も左脳も1つの脳、機能が分担されているからこそ、バランスよく使うことで、あなた本来の生き方が明確な行動として表現できるのです。

　ここに、両面が同じ手触りの白紙の紙があるとします。この白紙の紙を渡され、表を向けてくださいと言われても、どちらが表なのかわかりません。しかし、片面に文字が書かれて渡された場合、表を向けることができます。ですが、表も裏も同じ紙であることには変わりありません。二面性を持つこの世界では、一方を決めるともう一方が決まるのです。

　めいろもそうです。スタートを決めるとゴールが生まれます。ゴールがあるからスタートがあるのです。

　では、自分が自分をどうとらえているか観てみましょう。自分を見つめるとき、たとえば、短所ばかりしか出てこない人がいます。短所にしか目を向けていないということは、紙でいうと、裏面しか見ていないことと同じです。しかし、もう一方には長所という面が隠されているのです。短所は長所も含んでいます。頑固でわがままだという短所がある場合、ブレない強い芯があるという長所が隠れています。

　このように一方だけを見るのをやめて、その裏に隠されているもう一方にも注目してください。あなたが短所だと思っていることは、他人から見たら長所になることがあります。長所も短所も表裏一体であり、どんな一面もあなたという一つの存在を創り出す要素なのです。

内観ワーク

　長所と短所を書いてみましょう。書き終わったら、短所に隠されている長所を探してみてください。もちろん、長所の裏側にある短所にも気づくでしょう。ですが、これら全てを含んでいるのが、たった1人しかいないあなたなのです。ありのままのあなたが個性そのものなのです。

Moment ～瞬間～

想いは一瞬
光の線で繋がって

願いも一瞬
たくさんの線が広がって

宇宙も一瞬
影の線に吸い込まれて

あなたも一瞬
オリジナルな線が形となる

宇宙からのメッセージ

あなたの想いは一瞬でやってきます。そして、一瞬で消えることもあります。もし、ずっと変わらない想いがあれば、あなたの魂がどうしてもやりたいと想い続けている証拠です。想いを行動に移すことで、光の線のようにあなたの道がつながっていきます。ずっと想い続けていたことに挑戦すると光の線が太くなり、より輝くようにつながっていきます。

願いも一瞬にして光の線のように伸びていきます。伸びていく願いの線に、あなたの愛のエネルギーをのせてみましょう。あなたの愛のエネルギーとは、あなたにやってくる想いのことです。その想いがのっているかで願いの線の伸び方は変わります。

想いの線と願いの線がたくさん重なり、線が面となるとき、あなたの光は宇宙へと届くでしょう。宇宙の影の部分に、光り輝く光線が一面に広がるように進みます。影がなくなるわけではありません。影があるからこそ、光は輝くのです。そして、光があなたへと戻ってくるとき、あなたの影ができます。戻ってくる光はあなたの世界と融合するかのように光と影が共存し、変化が生まれます。

あなたの変化は、まわりの変化へとつながり、唯一の個性として光っていきます。あなたにしかできないオリジナルな表現が形となり、世界に現れます。

あなたは、自分で自分の世界を創っているのです。外からの影響やまわりの環境によって世界が創られているのではなく、あなたの想いから生まれる行動によって創り上げていくのです。

内観ワーク

あなたは自分の世界を自分で創っています。想いから始まり、行動して変化を起こしていきましょう。あなたから始まる変化がまわりの変化へとつながり、世界を創り上げていきます。ほんの一瞬の想いから生まれるあなたの個性という表現を世界へとつなげていきましょう。

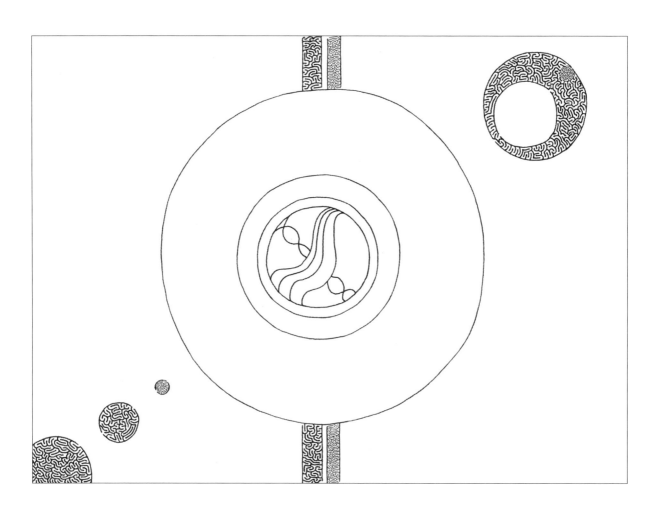

※86頁に拡大版があります

✳ My aura harmony A 　〜私のオーラＡ〜 ✳

持ってきたものに気づく日々
自分の意味を思い出す

積み重ねに磨きをかけて
本当の自分を表現する

1つとして同じ輝きはなく
すべて揃って光になる

すでに準備は調っている

広がり繋がっていくことで
あなたはすべてと調和する

宇宙からのメッセージ

　あなたの個性はすでに持って生まれてきています。さらに個性を創っていくことができます。それらの個性は、自分とは何なのかを思い出すヒントにもなります。

　あなたにしかない個性をこの地球上で発見し、磨き上げ、より楽しく表現していくことが、あなたらしい生き方です。あなたの本来の姿です。

　あなたが生まれてきた目的の1つは、地球で自分を表現し、まわりと調和するためです。あなたは、あなたにしかできない表現があります。人間1人ひとりがそれぞれオリジナルの表現をして生きていくとき、それぞれのメロディーが合わさり、1つのハーモニーになります。

　別の見方をすると、1つひとつの光はいろいろな色をしています。そのさまざまな色が合わ

さることで、白くなり、透明になり、まるで1つの光のように輝くのです。これは、人間1人ひとりの中でも起きます。あなたが自分と調和することで、あなたの個性がより輝きます。1人ひとりが自分と調和し、まわりとも調和していくことによって、宇宙の調和につながっていきます。

　誰1人としてあなたと同じ個性、同じ輝きを出す人はいません。全ての人がそれぞれの輝きを放つことで、光が溶け合うように調和が生まれます。自分を信じて、あなたオリジナルの個性を表現していきましょう。そうすることで、あなたと調和し始める人が必ず現れます。そして、あなたの良き理解者、協力者になってくれるでしょう。

内観ワーク

　あなたが生まれ持っている個性と、今までのワークで発見した個性を融合してみましょう。あなたにしかない、オリジナルな個性が誕生します。その個

性をあなたらしく表現するには、どう行動したら良いでしょうか？　自分の声に耳をすまして聴いてみましょう。

✸ Your shine　〜あなたの輝き〜 ✸

あなたが好きなこと
あなたがやりたいこと
あなたが想うこと
すべて輝きを放っている

その輝きは
宇宙のように無限に広がる

あなたが輝くことで
まわりが輝き

まわりが輝くことで
あなたの世界は光り輝く

宇宙からのメッセージ

　あなたが好きなこと、あなたがやりたいこと、あなたが想うこと。全てはあなたの本来の道へと導く宇宙からのメッセージです。宇宙は無限です。宇宙は輝く星々を含み、全てを含んでいます。その宇宙から星のように光り輝くアイデアや想いが常に送られてきています。受け取るのは、あなた自身です。

　宇宙から送られてきている、光り輝くメッセージを表現していくことも、あなたにしかできません。他人はあなたとは違うメッセージを受け取っているでしょう。宇宙のメッセージはあなた専用です。あなたが受け取ったメッセージを表現し、輝いていきましょう。あなたの姿を他人が観ることで、まわりの人にも共鳴し、伝わっていくでしょう。

　光り輝く星はまわりの星々を輝かせます。たった1人、あなたが輝くことでまわりにいる複数の人へ光が届き、共鳴していきます。たった1人から数人に届くだけでも、数人から何十人、何百人、何千人へとつながり、家族から地域、地域から日本、日本から世界、地球、太陽系、銀河系、宇宙全体へと広がっていきます。まずはあなたがスタートです。

　内側の宇宙であるあなたのハーモニーが響くと、外側の宇宙のハーモニーもさらに共鳴して広がっていきます。あなたが内側の宇宙と調和することで、外側の宇宙の調和へとつながっていくのです。

内観ワーク

　あなたはどんな宇宙からのメッセージを受け取っていますか？　そして、そのメッセージをどのように表現していきますか？　内側の宇宙と調和し、外側の宇宙へ自分の音を響かせていきましょう。まわりにいる人に共鳴し、さらに大きな可能性へと向かっていくでしょう。

You are star　No.2　〜あなたは輝く星〜

あなたは常に星のように美しく輝いている
宇宙を超えて光り輝いている

大好きな自分を信じてワクワクを行動しよう
行動のつながりを考えるのではなく
今の自分を生きること

あなたの真実に必ず繋がっている
内側にある宇宙へ、外側にある宇宙へ
全体へ広がり循環する愛

無限に広がる宇宙の神秘に気づく

終わりのない輝きは
すべての世界を変えていく

宇宙からのメッセージ

　あなたには、常に宇宙からのメッセージが降りてきています。あなたは美しく輝く星のように、宇宙に存在する唯一の人です。あなたというたった1人の人間が存在しているということ自体、宇宙の完璧な循環の一部なのです。まさに、目に見える宇宙を越えて、目に見えない宇宙までも届くような輝きを放っているのです。

　さらに輝きを大きく、美しくしていくには、自分を信頼し、ワクワクすること、やりたいことを行動に移して、表現していくことが大切です。行動は奇跡を生みます。頭では考えられないつながりや共鳴が起き、どんどん輝きは増すでしょう。ありのままの自分を生きるとき、その輝きはどんどん美しくなります。

　本当のあなたは内側の自分が知っています。メッセージを送ってきています。あなたの真実へとつながっています。内側とつながり、外側へ放つことで、さらに輝く自分へと変化していきます。そして、循環していきます。

　無限に広がる宇宙の神秘とは、無限の可能性を持っているあなた自身の奇跡なのです。生まれる前から、死んだあとまで、あなたの輝きが失われることはありません。終わりのない永遠の輝きを、さらに大きく美しくしていくためにあなたは存在しています。この輝きをまわりに放っていくことで、あなたは変化し、全ての世界は進化していくのです。

内観ワーク

　今の自分を受け入れ、自分の可能性を知り、本来の自分とつながることで、あなたの個性はさらに光り輝いていくでしょう。ありのままの自分を心地よく表現する素晴らしさをどんどん体感していきましょう。宇宙は待っています。あなたは、ありのままの自分を表現したくて生まれてきたのです。

✷ Light of love　〜愛という光〜 ✷

月は太陽の愛によって輝く
太陽の愛は地球の愛によって輝く

地球の愛はみんなの愛によって育まれ
一人ひとりの愛が光をつくる

あなたの光が太陽を
そして月を輝かせる

あなたの光がたくさんの人を照らし
愛を運ぶ

宇宙からのメッセージ

　月の光は太陽の光を反射して輝いています。しかし、月自体も輝きを放っているように見えます。月にしか表現できない繊細な輝きを放ち、光り輝いているように見えます。月が自ら光り輝いているかのように、その光は美しく神秘的です。

　太陽は無限の愛のように、私たち人間が存在するずっと前から光り輝いています。地球は太陽の光のエネルギーによって生きています。ですが、一方通行ではありません。太陽は地球の愛を受け、光のエネルギーが美しく輝くのです。地球自身を含め、地球に存在する全ての生命が愛の存在です。その愛の存在である生物たちが、太陽にも愛のエネルギーを与えているのです。

　地球の愛のエネルギーは、地球に存在する生命のエネルギーによって大きくなります。私たち1人ひとりの愛のエネルギーはまわりに共鳴して、より大きく美しく温かくなっていきます。

　あなたの光がまわりの人、世界、地球、太陽へと循環していきます。月は太陽の光を反射して、夜の地球へと光を届けてくれています。その光がまた、あなたへと戻り、注がれているのです。あなたの光はまわりまわって返ってくるのです。

　あなたも他人も地球も月も太陽も、そして全ての星も宇宙も、共鳴しています。1つの音楽のようにハーモニーがあります。調和することで、その響きは、より美しく、より心地よくなっていきます。

　まずは、あなたがあなたらしく生きることがスタートです。ゴールもあなた自身です。全て循環しています。スタートもゴールも含め、全て1つなのです。

内観ワーク

　あなたは愛の存在そのものです。宇宙は愛です。この宇宙の愛を受け取り、与えているのはあなたです。宇宙の愛を与えて、受け取っているのもあなたです。愛のエネルギーをのせて循環するイメージで、ありのままのあなたを表現していきましょう。

第3章　まとめ

「本来の自分」を生きていくために「自分を受け入れる」、「自分を追究する」、そして「自分とつながる」ことが最後のステップになります。

　自分を受け入れ、追究していくことで、自分とのつながりが深くなっていきます。自分とつながることで、自分が輝き、まわりを輝かせていくことができます。自分の個性を輝かせることはあなたにしかできません。宇宙である私たち人間には、宇宙からのメッセージがたえずやってきています。このメッセージが、自分らしい人生を歩むための「道しるべ」になっているのです。

　自分とつながるために大切な、3つのポイントがあります。

　1つ目は、「自分にしかない〝路〟を切り拓く」ということです。

　自分の本当の〝路〟は、自分自身にしか見つけられません。まずは、自分がワクワクする道はどんな道なのか感じてみましょう。心地よいと感じることが、宇宙からのメッセージです。また、自分がどんなルートで進みたいのか選択していきましょう。自分が受け取る直感を信じて、すぐ行動することが近道になります。自分の〝路〟を歩むと決意することで、道はあなたの目の前に現れます。そして、決めたことに責任を持ち、自分と向き合って進むことで、あなたにしかない〝路〟が切り拓かれていくでしょう。

　2つ目は、「自分の想いが世界を創る」ということです。

　あなたの決意は、宇宙へとこだまします。自分の想いが自分自身を奮い立たせ、無限の可能性がある宇宙へと響き、共鳴します。宇宙であるあなたがスタートをきれば、同時にゴールも生まれます。自分の輝く光（個性）が自分自身を包み、まわりを照らし、地球全体、そして宇宙へと広がるイメージを描いてみましょう。あなたにしかできないオリジナルな表現が形となり、世界を創っていきます。そして、あ

なたの輝きは、ますます美しくなり、あなたに共鳴した人、物、環境、出来事が、シンクロしながら集まってくるでしょう。

　3つ目は、「あなたの光は輝き続ける」ということです。

　宇宙からのメッセージはあなたにとって必要なこと、自分らしさを常に教えてくれています。自分が受け取ったメッセージを元に表現することが、あなたの輝きになります。あなたが奏でる表現は美しく、まわりの人に届き、幸せにします。そして、まわりの人の表現が重なって、たくさんのメロディーが1つの曲になるかのように調和していきます。全ての存在は、宇宙の愛でできています。人の魂は永遠に続き、光そのもの、愛そのものです。

　愛という光は、永遠に循環しています。なぜなら元は1つだからです。あなたの光は、まわりに届き、まわりの光は世界を照らします。世界の光は地球を包み、地球の光は太陽の光となって私たちに返ってきます。そして、太陽の光が月明かりとなって、夜も私たちの元へ返ってきています。

　太陽が出ているときも、月が出ているときも、常に光と影によって世界は創られています。太陽や月が直接目で見えないときも、光と影は常に共存しています。私たちは、物質として1人ひとりが独立していますが、光である愛のエネルギーはいつもつながっているのです。自分の内側にある世界を統合させていくと、外側にも調和した世界が現れるでしょう。

　この本は繰り返し読み、いつでも瞑路を通して自分と向き合ってみてください。最初から読むだけでなく、気になるページを開いて瞑路を鑑賞するのもよいでしょう。そこで受け取った感覚は、宇宙からのメッセージであり、あなたの人生にとって重要なものになるでしょう。

白木ケイシー　瞑路作品集

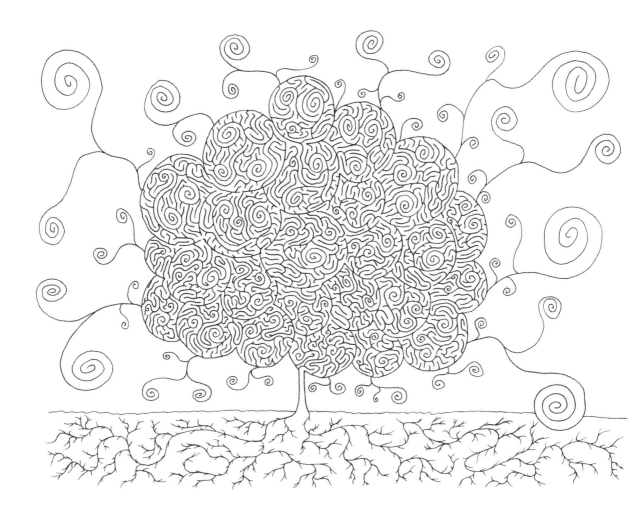

✴ **Star fruit** 〜星の果実〜 ✴

1つの◯から始まるストーリー

◯がわかれて2つになれば
それぞれが増えて4つとなり
永遠に続けば果てし無く増える

想いは大切な1つの種
そこからどうするかあなたの自由

ここには時間があるけれど
無限にある種や実を育てよう

あなたは消えない1つの木

✶ Round energy　～まるいエネルギー～ ✶

最初はゴツゴツして重くても
一歩踏み出すことで
大きな角が削られ動きやすくなる

次の一歩は少し身軽になり
小さな角がだんだん取れていく

ザラザラが減っていくことで
流れるようにまわりが動き出す

自然と角は滑らかになり
気づくと広大な自然の中

あなたは景色の一部として
なくてはならない存在だと気づく

✳ Get out of the vicious circle　〜悪循環を抜け出す〜 ✳

中で見つけたものを信じずに
外で見つけたものに流される

考えれば考えるほど
光は遠くなり最初に戻る

答えは出ている
まずは自分を信じること

この世界でこわいことは
外の世界だけで生きること

常に出てくる声によって
偽物の答えの中で生きること

答えは出ている
まずは自分を生きること

✴ You are the truth　〜あなたが真実〜 ✴

自分の経験が正解であり
他人の世界は本物ではない

感情に沿って向かい
眼で観て　体で感じる

新たな世界を体験してこそ
自分の真実が生まれる

人間の真実は無限

それぞれの信念が
すべてを可能にし、世界を創る

瞑路のヒント

Filter ~フィルター~ ※ P12
スタートは白い空間の左下です。ゴールは探しましょう。

Essence ~本質~ ※ P14
左上の液体のようなものの中心がスタートです。絵から抜け出し、白い空間に出られたらゴールです。また、部分を通して全体を観ると何に見えるでしょう？

Your apple ~あなたのりんご~ ※ P16
スタートに見える場所から始めてみましょう。ゴールは自然に導かれ、あなたの中に答えが生まれるでしょう。

Invisible truth ~目に見えない真実~ ※ P18
種から実へ、実から種へとどちらからでもスタートできます。行き方も複数あります。目の前にある瞑路とあなたに何を感じて進みますか？

Past border. ~過去の枠~ ※ P20
スタートは絵の中心です。枠を越えたらゴールです。

Stereotype ~固定観念~ ※ P22
スタートは上部の中心付近にあるすき間です。ゴールは広く大きな視点で観ると見つかります。

To be present ~あなたの中に存在する~ ※ P24
この瞑路は、すき間からスタートするものも合わせて3種類あります。ゴールは左下に3つあります。迷路の中の迷路に迷っても、あなたは必ず個性の光を通ることになるでしょう。

Everything changes ~すべては変わる~ ※ P26
白い上の空間にあるすき間からスタートし、黒い瞑路のすき間へゴールしてみましょう。また、黒い部分からスタートし、白い部分へゴールしてみましょう。両方を同時にできるようになるとあなたは悟りの境地へと近づくことでしょう。

Sign of the Universe ~宇宙のサイン~ ※ P28
外からスタートし、内のゴールへ行きましょう。また、内からスタートし、外のゴールへ行ってみましょう。

The presence of light ~光の存在~ ※ P32
右下のすき間、影の部分からスタートです。ゴールは循環することです。逆に中心の白い部分(光)からスタートをしてみましょう。光と影の両方を知ることが大切です。

Finding flow ~流れを見つける~ ※ P34
どこから水が流れてくるのかが、スタートのヒントです。ゴールは滝の流れに乗ることです。

Jewel of your inside ~宝石はあなたの中に~ ※ P36
スタートは上の白い空間、ゴールは光り輝く水晶の中です。

Memory of tree ~木の記憶~ ※ P38
スタートは幹の下、右側です。ゴールは宇宙に続く場所がヒントです。

Overflowing thoughts ~溢れる想い~ ※ P40
スタートは中心の白い部分です。あふれる想いのように外へとゴールしてみましょう。

My aura harmony B ~私のオーラB~ ※ P42
スタートは右側の白い空間です。ゴールにつながるには、修復、発見、前進していくことでたどり着きます。

The world changes
~気づきの連続と見える世界~ ※ P44
上の小さな葉からスタートしてみましょう。冒険のように大きな葉へと進んでいきましょう。

Time is one ~時間は一つ~ ※ P46
さまざまな直線を進み、曲線をつくっていきましょう。スタートが一周することでゴールになります。

The symbol of the Universe ~宇宙の記号~ ※ P48
外側にあるさまざまなすき間からスタートしてみましょう。ゴールは中を1周して戻ってくることです。

My way ~自分の道~ ※ P52
スタートとゴールを決めるのはあなたです。想像力を発揮して、自分でスタートとゴールを創ってみましょう。

Rout ~ルート~ ※ P54
左下のスタートからどの道を選択するかはあなた次第です。直感にしたがって線の上を進んでみましょう。

Not a maze ~迷路ではない~ ※ P56
左下のすき間から右上のすき間へ出てみましょう。

one ~ひとつ~ ※ P58
スタートもゴールも1つです。スタートがあればゴールにたどり着きます。逆にゴールはスタートにもなります。全てはひとつです。

Moment ~瞬間~ ※ P60
スタートは、下に2か所と右下に1か所あります。ゴールは上1か所です。やがて線は面となり、キラキラ輝く自分を創ります。

My aura harmony A ~私のオーラA~ ※ P62
スタートは白い空間です。どこへ向かったとしても全く同じように進む人はいないでしょう。

Your shine ~あなたの輝き~ ※ P64
スタートは左上銀河のすき間です。左側の銀河や星を巡り、右側へ移って同様にさまざまな銀河や星を通ります。全ての星、銀河を通れたらゴールです。

You are star No.2 ~あなたは輝く星~ ※ P66
スタートは複数ある光の線です。循環して元に戻ることがゴールです。中心であるあなたのまわりを一周できるかどうか、挑戦してみましょう。

Light of love ~愛という光~ ※ P68
スタートは地球にいるあなたです。あなたが今見ている手前の太陽から入り、宇宙空間を抜けて月に入り、月の中を巡って、また宇宙空間に戻ります。この絵から抜け出て自分に返ると、ゴールです。

※ 1頁の瞑路「You are star」は、本書のどこかに解答例があります。探してみてください。

epilogue
エピローグ

　本書を手に取っていただき、また、最後まで読んでいただき、ありがとうございました。

　瞑路を通じて内観し、宇宙からのメッセージは受け取れましたか？
　内観することは、もちろん大切ですが、内観している時間よりも仕事をしていたり、勉学に励んでいたりするほうが長いかもしれません。
　しかし、意図的に内観していない時間も、宇宙からのメッセージは常にあなたの元へとやってきています。
　なぜなら、あなたが宇宙であり、感情そのものが宇宙からのメッセージであるからです。
　楽しいな、悲しいな、うれしいな、つらいな、など、さまざまな感情を素直に受け取り、自分らしい選択をしていくと、あなた本来の人生を歩んでいくことができます。
　また、強い感情が働かなくても、なんとなく気になるな、知りたいな、ちょっとやってみようかな、など、小さな感覚も宇宙からのメッセージです。

　では、これら全ての感情を俯瞰して、全体を観てみましょう。
　地球に住んでいる約74億人の人、1人ひとりがみんな違う個性を持っています。同様に、同じ仕事や同じ趣味の人がまわりにたくさんいても、どのように感じるかという細かな感覚まで、全て同じ人はいません。
　このように、気持ちの湧き方、感じ方は、あなたの完全オリジナルなパターンなのです。宇宙でたった1人の存在である「あなた」が反応するパターンは74億分の1です。
　そして、自分を受け入れ、個性を追究することで、本来の自分である宇宙につながります。この一連の流れも74億分の1であり、あなたの中に全ての答えがやってきています。

　あなたは宇宙のように無限の可能性を持っている、唯一の存在です。そんな素晴らしい存在である自分を信じましょう。一番身近な存在である自分を愛しましょう。そして、一度きりの人生を光り輝かせていきましょう。あなたの幸せを心から願っています。

最後に、私の夢を現実にしてくださった株式会社BABジャパンの皆様、心から感謝申し上げます。そして、万吉教室の生徒と保護者の皆様、仲間のみんな、いつも支えてくださり、心から感謝しています。一番近くで応援してくれた家族と、Lily Wisteriaさん、本当にありがとうございました。

　これからも白木ケイシーとしての一度きりの人生を受け入れ、もっと個性を輝かせるために追究していきます。自分とつながり、個性を輝かせながら、宇宙の愛を伝えていきます。
　この本を通して、あなたと出逢えたことが本当にうれしいです。ありがとうございます。無限の可能性を持っている宇宙について、あなたと語り合う日を楽しみにしています。
　ともに個性を最大限発揮させ、光り輝く人生を創っていきましょう！

The moonlight story　　〜月明かりの物語〜

遠い過去だけど　　　　　　　　もっと宇宙を
今も存在し続ける　　　　　　　もっと世界を
　　　　　　　　　　　　　　　もっと自分を

そこがどんな世界であろうとも
受け入れる覚悟がある　　　　　ありのままに表現するために

その信念が地球の僕を突き動かす　みんなと共に輝くために

目が覚めたから
観た夢を現実にする

　　　　　　　　　　　　　　2018.9.25　白木 ケイシー

白木 ケイシー

芸術家(ペン画、木工)、瞑路作家、学習塾経営(万吉教室代表)。岐阜県生まれ。生まれつき共感覚があり、文字や音、味などに色を感じる。14歳のときに父が他界。金縛りや不思議な現象に遭い、それをきっかけに精神世界に興味を持つようになる。神戸芸術工科大学卒業後、25歳で学習塾・万吉教室創立。勉強だけでなく、生徒の個性を可能性へと導く教育方針により、難関校合格者多数の人気塾となる。

現在、宇宙からのメッセージを受け取り、絵や詩で表現する芸術家としても活動。岐阜、東京を中心に、「個性が輝く宇宙の授業」を主催。子どもから大人まで、新たな可能性が開花すると話題を呼ぶ。

ホームページ
https://cayceshiraki.com

メルマガ
「宇宙からのメッセージ」

＊75頁に瞑路のヒントを掲載していますが、以下で解答例をご紹介しています。
https://cayceshiraki.com/books/
パスワード：meirocayce

自分を内観して受け取る宇宙のメッセージ

瞑(めいろ)路

個性を発揮し、可能性を広げる真実の〝路〟の見つけ方

2018年11月15日　初版第1刷発行

著　者　白木ケイシー
発行者　東口敏郎
発行所　株式会社BABジャパン
　　　　〒151-0073 東京都渋谷区笹塚1-30-11　4・5F
　　　　TEL　03-3469-0135　　FAX　03-3469-0162
　　　　URL　http://www.bab.co.jp/
　　　　E-mail　shop@bab.co.jp
　　　　郵便振替　00140-7-116767
印刷・製本　中央精版印刷株式会社
©CAYCE SHIRAKI 2018
ISBN978-4-8142-0170-9 C2077

※本書は、法律に定めのある場合を除き、複製・複写できません。
※乱丁・落丁はお取り替えします。

Design Kaori Ishii

BOOK Collection

すごい！陰陽五行開運カード
～エネルギーの流れをつかんで運の上昇気流にのる!!～

毎日楽しみながら、カードを使ってみてください。自然のリズムと同化し、バランスよく日々を過ごせるようになるでしょう。今つらく苦しい想いを抱えている人も、やがて理解できるときがきます。この世には、何もむだがなく、あなたが成長していくためにはすべて必要なピースだったということを。

- 寒河江秀行 著　●A5判
- 168頁（カード20枚付）　●本体1,600円＋税

未来を視覚化して夢を叶える！
魂の飛ばし方

タマエミチトレーニングというちょっと不思議な修行で世界が変わる！ 自分が変わる！ 面白いほど夢が叶う究極のイメージトレーニング法。記憶の逆まわし法・視覚の空間移動法・魂飛ばし法・夢見の技法・絵や文字による夢の物質化など、誰でもできる究極のイメージトレーニングで体外離脱×願望を実現。

- 中島修一 著　●四六判　●192頁
- 本体1,400円＋税

科学で解明！ 引き寄せ実験集
「バナナ」から奇跡が始まる!

あなたが、本当に"引き寄せ"たい願いは何ですか？ お金、恋人、結婚、幸せな人生…etc 著者は20年以上、「引き寄せ」を実践し続けている2人。「引き寄せ」とは、急にあらわれるものではありません。実は、毎日の生活の中に当たり前のように溢れています。この本の7つの引き寄せ実験を通して、あなたが叶えたい真実の願いが分かり実現します！

- 濱田真由美、山田ヒロミ 著　●四六判
- 208頁　●本体1,400円＋税

読むだけで
宇宙とつながる 自分とつながる

自分とつながるとか宇宙とか流行っているけどどういうこと？という方への超入門書。哲学や宗教ではない、世界一面白くて実用的な宇宙本です。読むと、あなたの世界が変わって見えるでしょう。願いは軽やかにフワッと願うと、当然のように手に入る！ すべての感情は味わい尽くそうと歓びに変わる！…etc. リリーちゃんが教える生きやすくなる秘訣です！

- リリー・ウィステリア 著　●四六判　●256頁
- 本体1,300円＋税

【恋愛】【結婚】【夫婦関係】【仕事と子育て】が意識を変えると劇的に変わる！
女子の最強幸福論

「人生を思いきり楽しんで、最高の幸福を得る術をお伝えします」 カウンセリングを誌上で再現！ 悩める女子たちが輝き出す!! 太陽のようなあなたをイメージしてみてください。過去や年齢、世間体にとらわれず100％自由になったら、もっと自分自身を輝かせることができるでしょう。それがあなたの女性としての、本来の姿です。

- 栗原弘美 著　●四六判　●256頁
- 本体1,400円＋税

奇跡の言葉 333
～たった3秒の直観レッスン～

直観とは「最高の未来」を選ぶ最強のツール。直観で超意識とつながれば、うれしい奇跡しか起こらない世界がやってくる。この本は、やすらぎと希望が湧き上がり、奇跡を呼び込むための、さまざまなコトダマとアファメーションが333個、載っています。その言葉を選びながら、直観力を高めていこうというものです。メッセージを入れられる天使のしおり付き！

- はせくらみゆき 著　●四六判　●368頁
- 本体1,400円＋税

MAGAZINE Collection

セラピスト
アロマテラピー＋カウンセリングと自然療法の専門誌

スキルを身につけキャリアアップを目指す方を対象とした、セラピストのための専門誌。セラピストになるための学校と資格、セラピーサロンで必要な知識・テクニック・マナー、そしてカウンセリング・テクニックも詳細に解説しています。

- 隔月刊〈奇数月7日発売〉　●A4変形判　●164頁
- 本体917円＋税　●年間定期購読料5,940円（税込・送料サービス）

Therapy Life.jp　セラピーのある生活
http://www.therapylife.jp/

セラピーや美容に関する話題のニュースから最新技術や知識がわかる総合情報サイト
[セラピーライフ] [検索]

業界の最新ニュースをはじめ、様々なスキルアップ、キャリアアップのためのウェブ特集、連載、動画などのコンテンツや、全国のサロン、ショップ、スクール、イベント、求人情報などがご覧いただけるポータルサイトです。

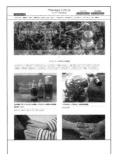

オススメ
- 『記事ダウンロード』…セラピスト誌のバックナンバーから人気記事を無料で閲覧できます。
- 『サーチ＆ガイド』…全国のサロン、スクール、セミナーなどの情報掲載。
- WEB『簡単診断テスト』…ココロとカラダのさまざまな診断テストを紹介。
- 『LIVE、WEBセミナー』…一流講師達のセミナー情報や、WEB通信講座をご紹介。

スマホ対応　隔月刊セラピスト 公式Webサイト

ソーシャルメディアとの連携
公式twitter「therapist_bab」
『セラピスト』facebook公式ページ

セラピーNETカレッジ
トップクラスの技術とノウハウがいつでもどこでも見放題！
THERAPY COLLEGE　WEB動画講座
www.therapynetcollege.com　[セラピー 動画] [検索]

セラピー・ネット・カレッジ（TNCC）はセラピスト誌が運営する業界初のWEB動画サイトです。現在、150名を超える一流講師の200講座以上、500以上の動画を配信中！ すべての講座を受講できる「本科コース」、各カテゴリーごとに厳選された5つの講座を受講できる「専科コース」、学びたい講座だけを視聴する「単科コース」の3つのコースから選べます。さまざまな技術やノウハウが身につく当サイトをぜひご活用ください！

パソコンでじっくり学ぶ！　スマホで効率よく学ぶ！　タブレットで気軽に学ぶ！

月額2,050円で見放題！ 毎月新講座が登場！
一流講師180名以上の240講座を配信中!!

The presence of light　～光の存在～　✴ **P32**

Filter 〜フィルター〜 P12

Memory of tree ～木の記憶～ P38

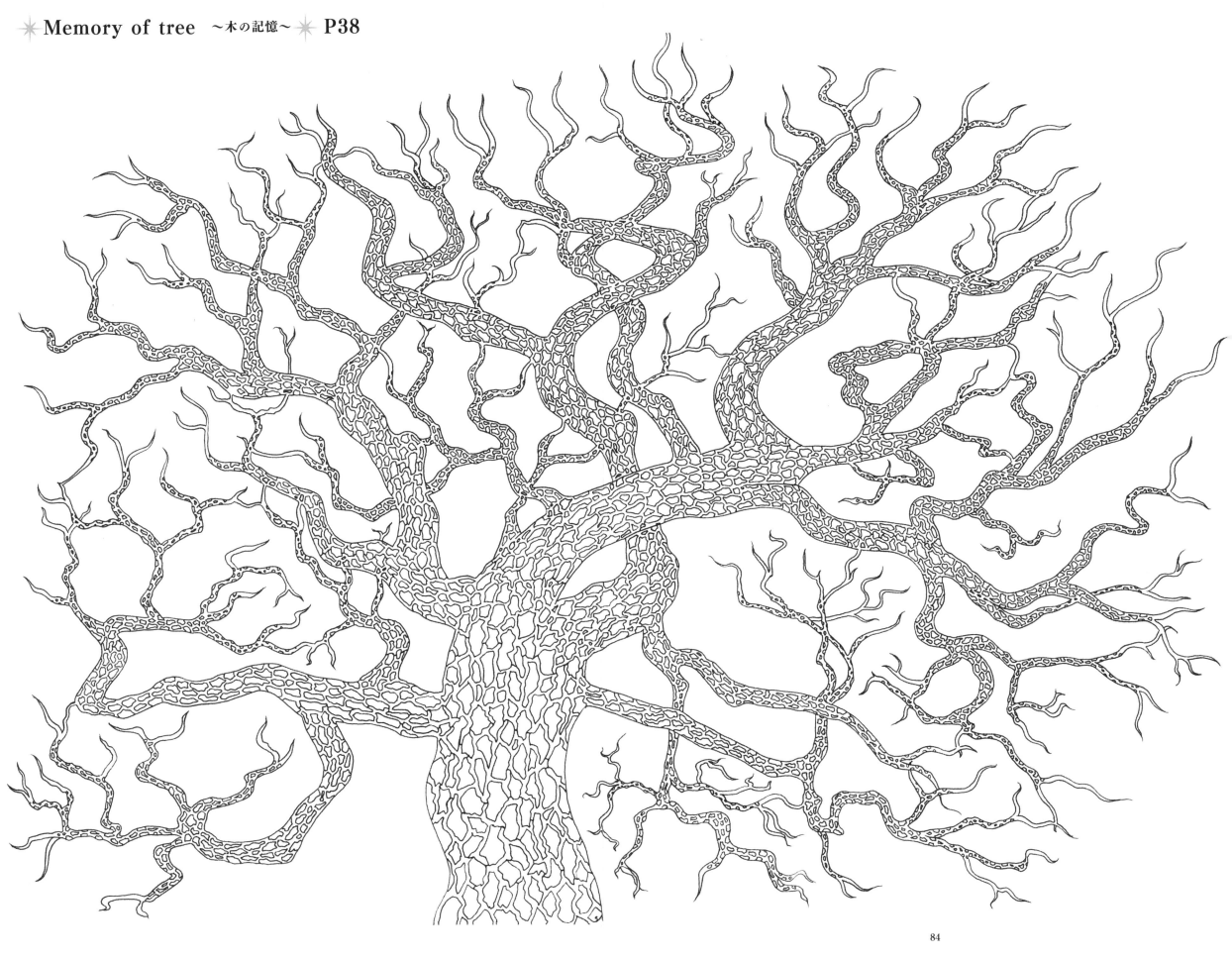

✳ **Jewel of your inside** 〜宝石はあなたの中に〜 ✳ **P36**

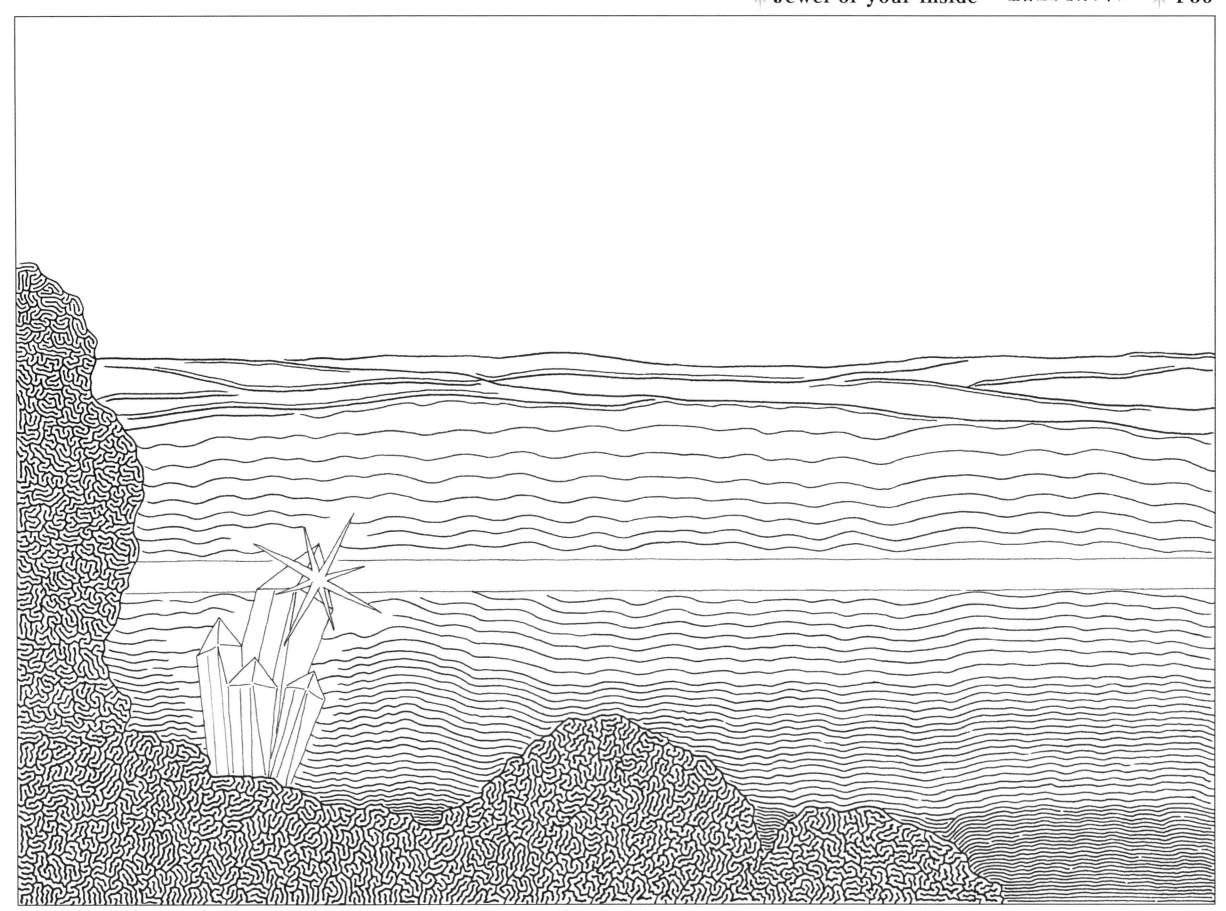

My aura harmony A ～私のオーラ A ～ P62

✴ **My aura harmony B**　～私のオーラB～　✴ **P42**

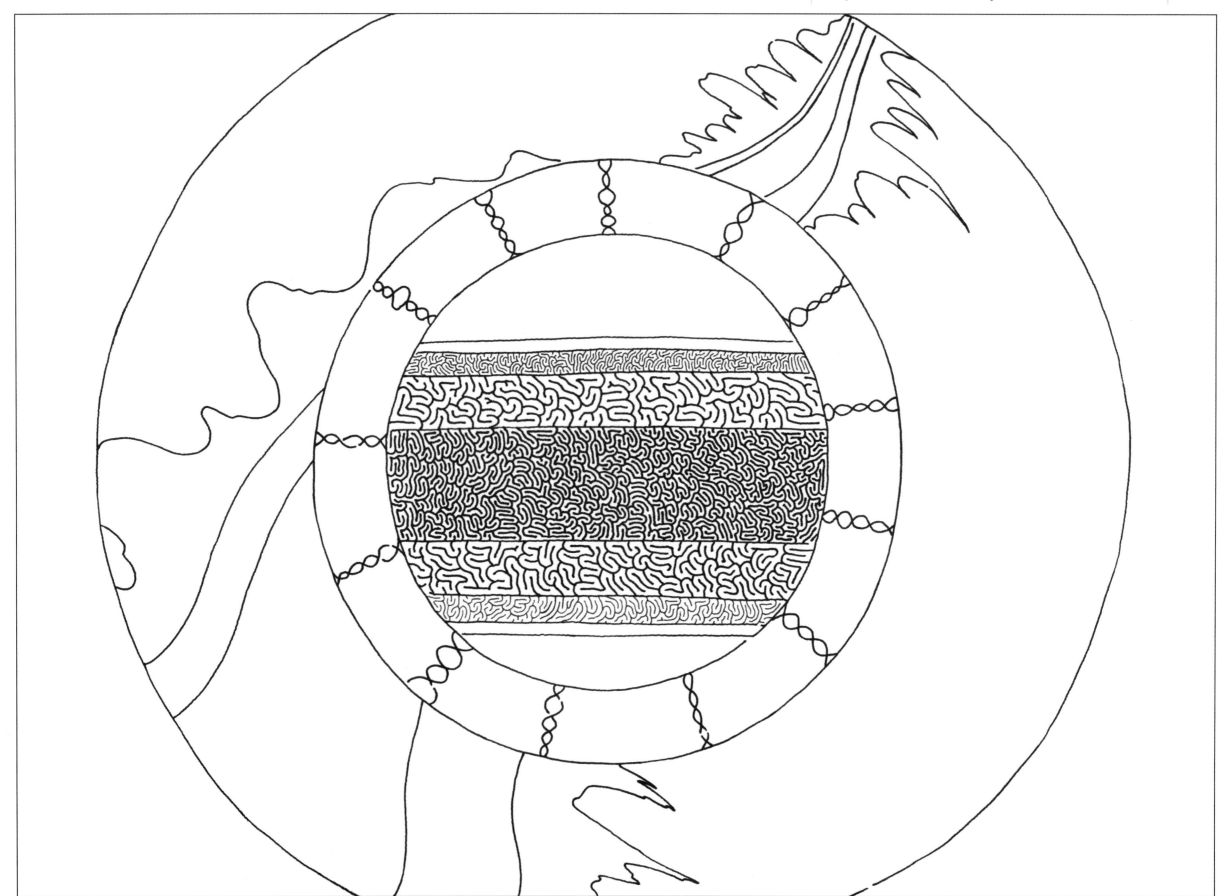